中原经济区"三化"协调发展河南省协同创新中心资助出版

土地利用动态模拟与
优化配置研究：以关中地区为例

Land Use Dynamic Simulation And Optimal Allocation Research
—A Case Study Of Guanzhong Region

杨勇／著

经济科学出版社
Economic Science Press

审图号：陕 S（2016）009 号

图书在版编目（CIP）数据

土地利用动态模拟与优化配置研究：以关中地区为例／
杨勇著 . —北京：经济科学出版社，2016.3
ISBN 978 - 7 - 5141 - 6692 - 7

Ⅰ.①土… Ⅱ.①杨… Ⅲ.①土地利用 - 研究 -
陕西省 Ⅳ.①F321.1

中国版本图书馆 CIP 数据核字（2016）第 053280 号

责任编辑：段　钢
责任校对：隗立娜
责任印制：邱　天

土地利用动态模拟与优化配置研究
以关中地区为例
杨　勇　著
经济科学出版社出版、发行　新华书店经销
社址：北京市海淀区阜成路甲 28 号　邮编：100142
总编部电话：010 - 88191217　发行部电话：010 - 88191522
网址：www. esp. com. cn
电子邮件：esp@ esp. com. cn
天猫网店：经济科学出版社旗舰店
网址：http：//jjkxcbs. tmall. com
北京万友印刷有限公司印装
710 × 1000　16 开　12.5 印张　240000 字
2016 年 6 月第 1 版　2016 年 6 月第 1 次印刷
ISBN 978 - 7 - 5141 - 6692 - 7　定价：48.00 元
（图书出现印装问题，本社负责调换。电话：010 - 88191502）
（版权所有　侵权必究　举报电话：010 - 88191586
电子邮箱：dbts@ esp. com. cn）

前言

　　土地是人类社会生存与发展必不可少的物质基础，是国民经济各要素的重要组成部分，人类对土地利用目的与方式的不同，形成不同的土地利用结构。随着我国进入城镇化、工业化、农业现代化、信息化的关键时期，人地关系、区域关系、城乡关系发生着巨大变化，土地利用格局经历着前所未有的变化，土地利用变化研究也成为当前地学界十分关注的热点问题。由于区域发展目标的多元性、社会需求的多样性、土地利用的多宜性，土地资源供需失衡及各类用途间的激烈竞争已经成为当前我国土地利用中的关键矛盾。通过优化配置，让有限的土地资源得到充分合理的利用，对协调土地利用过程中的矛盾具有重要的意义。

　　随着景观生态学研究的深入，人们逐渐意识到数量结构相同的土地资源在不同的空间布局下，其土地利用效率及可能产生的土地利用综合效益存在着较为明显的差异。随着"3S"技术的快速发展，地理空间数据的采集和处理趋于成熟，多源空间数据的融合促使土地利用综合研究不再局限于统计数据分析，将以空间自相关理论为基础的空间统计学方法引入土地利用变化研究，有利于从空间尺度揭示土地利用空间分布特征、变化机理及关键影响因素的识别，人工智能模型、数理统计模型和地理信息系统的有机结合，为土地优化配置提供了模拟实验基础，从而推动了土地资源优化配置研究的定量化、空间化方向发展。

　　本书选择关中地区为案例区域。该区域是我国人口集中的区域之一，也是一个较为完整的典型地域单元。随着城镇化、工业化和生态化建设的快速推进，各城市等级和建成区规模不断扩大，土地利用结构发生着急剧变化，土地开发程度增加，其土地利用也面临着诸多问题，如农村居民点"空心化"、"荒废化"，城市用地规模过度膨胀，耕地减少，城市边缘区土地利用粗放，生态环境质量日益恶化，人地矛盾异常突出，土地利用功能时空错位，土地利用空间冲突显著等。根据站点观测数据、线划数据、数字化专题地图、遥感影像以及社会经济数据，以遥感影像解译和 GIS 空间分析作为技术支撑，构建了土地利用变化及优化配置研究数据库，对关中地区土地利用/覆盖时空动态和景观格局进行分析，运用空间自回归分析方法对土地利用格局与影响因素之间的关系进行定量分析，在此基础上，采用灰色线性规划模型提出了土资源优化配置定量方案，借助 CA – Markov 模型对土地利用变化进行了预测，以土地适宜性评价结果为依据，构建土地利用优化格局模拟模型，将优化配置方案落实到相应的地理空间单元，并基于县域单元对土地利用进行综合分区研究，从而构建了多层次的土地优化配置方案。

　　全书共分9章。第1章对土地优化配置的研究背景、选题意义、研究现状和相关研究理论进行综述，给出本书的研究目标和整体框架；第2章为研究区域的概况，对关中地区的自然背景和社会经济发展进行介绍；第3章为对关中地区几个时期的遥感影像解译，并进行土地利用时空动态和景观格局分析，从宏观尺度揭示区域土地利用过程及特点；第4章为对关中地区典型地区土地利用进行研究和分析，探讨区域土地利用变化过程的区域差异性；第5章通过筛选出关键影响因素，实现多源数据的尺度转换，构建关中地区土地利用与影响因子的空间自回归模型，分析揭示土地利用格局形成的作用机理；第6章为对关中地区主要土地利用类型的适宜性空间分

布进行研究，构建土地优化配置的约束条件；第7章为基于 CA –
Markov、灰色线性规划模型，探讨关中地区土地利用格局的重构，
并对土地利用功能进行综合分区，构建多目标、多层次的土地优化
配置方案；第8章为在关中地区土地系统研究的基础上，从人地关
系、优化策略、技术方法等角度提出土地优化利用的对策和建议；
第9章为本研究的结论和讨论部分。总结研究所取得的主要成果和
创新之处，并对研究不足之处进行探讨，提出未来需要深化研究的
方向。

　　由于土地利用科学研究的复杂性，尤其是地理信息科学空间分
析模型在土地优化配置研究中的应用还处于深化研究阶段，加之作
者水平有限，书中一定存在不足和错误之处，诚请各位同行和读者
批评指正。

目　　录

第1章

绪　　论

1.1
研究背景和意义

1.1.1　研究背景

土地资源是一种非常基础性的资源，作为各业生产和人类生活的基础，在人类社会生存和发展中起着非常重要的基础性、战略性作用[1]，土地资源还是具有自然和社会经济双重属性的复杂系统。随着人类科技水平的提高和生产力的发展，土地利用方式与强度也在不断发生改变，人类通过对与土地相关的自然资源的利用活动，改变着地球陆地表面的覆被状况，对区域水循环、环境质量、生物多样性和陆地生态系统的生产力和适应能力都产生了深刻的影响[2]，而且随着科学技术的迅速发展，人类对自然环境的干扰能力也在不断增强。

全球人口的快速增长以及对生存质量的不断追求，对食物和能源的需求量也不断增大，由此带来了对自然资源的掠夺式开发和使用，而资源的开发和环境的承载能力是有限度的，超过这个限度就可能导致生态灾难，如环境污染、全球变暖、森林植被退化、水土流失、土地荒漠化、酸雨以及物种灭绝等，全球性和区域性环境问题频繁发生，严重威胁着人类生存环境和社会经济的可持续发展。在引起生态环境变化的众多驱动因素中，人类活动无疑具有举足轻重的作用，但是，由于人类活动对于地球系统的影响机理异常复杂，很难予以直接揭示，因此人们从综合影响出发，选择了最能表述这一过程的土地利用/覆盖变化机制，以此作为全球环境变化研究的切入点和立足点[3]。

20世纪80年代，随着可持续发展思想的提出，促使土地资源的可持续利用和有效管理已经成为世界各国共同的关注目标[4]，土地可持续利用的概念也广泛出现于国际上相关研究，土地可持续利用也成为我国土地科学研究的热点领域之一[5]。土地可持续利用强调的是土地处于可利用状态，并长期保持其生产力和生态稳定性，对特殊用地还要保证其特定用途，而对有限的土地资源进行合理规划，是实现土地可持续利用的重要途径。土地持续利用除了保护土地资源、保证其生产力的持续性外，还应协调各行业、各部门用地矛盾，使其用地结构能保证整个社会持续健康地发展[6]，土地资源优化配置是提高土地集约利用的重要手段与措施，也是实现土地可持续利用的重要保障，对科学而有效地利用土地资源可以起着很重要的作用[7]。

进入20世纪90年代，在"国际地圈与生物圈计划"（IGBP）和"全球环境变化人文计划"（IHDP）的积极推动下，全球土地利用/覆盖变化（LUCC）研究成为全球变化研究的重要组成部分。在此研究计划中，提出了土地利用变化的机制、土地覆盖变化的机制和建立全球和区域尺度的模型等三个研究重点[8]。

2005年，IGBP和IHDP又联合推出了全球土地计划（Global Land Project, GLP）。此科学计划是全球变化与陆地生态系统（GCTE）研究计划和LUCC研究计划的综合，其研究目标是量测、模拟和理解人类—环境耦合的陆地生态系统[9]，研究内容主要包括土地系统变化的动力机制、土地系统的变化后果和土地可持续性集成分析与模拟等三个方面。

土地利用/覆盖变化与土地优化配置是两个不同背景的研究领域，两者的研究目的和研究内容都存在一定的差异，但是两者之间又有着紧密联系[10]。通过对区域土地利用/覆盖变化进行的研究，为土地优化配置提供研究区域完整的基础数据。在对区域土地利用覆盖变化的研究过程中，可以了解区域土地利用背景、土地利用结构以及长期以来的变化趋势，从而为区域土地资源优化配置提供依据，在土地利用/覆盖变化的过程中，具有较强人为干预作用特点的土地优化配置也是土地利用/覆盖变化的重要驱动因素，相对而言，土地优化配置更注重的是土地利用的合理性和人地协调。

人多地少是我国基本国情，我国幅员辽阔，但人均耕地资源相对不足，在过去较长时期内，我国人口增长速度较快，并且这一增长趋势在未来一段时期内还将保持其惯性，因此，我国是世界上人地矛盾最为突出的地区之一。由于缺乏对区域土地资源利用的科学规划以及对规划的严格执行，导致土地资源的不合理利用，土地资源供需失衡，对国家资源安全和生态安全也构成了威胁，影响着社会经济的可持续发展、生态环境质量的改善以及土地资源的承载能力。随着社会经济持续快速的发展，对土地资源所造成的压力也不断增大，我国已进入快速城市化阶段，城市边缘地区土地利用效益低，无限制的扩张导致耕地面积急剧减少、土地生态环境持续恶化等问题，我国人口数量的增长对土地资源的压力也日益增加，主要体现在两方面：一是土地资源数量的相对缺乏；二是由于人口激增所造成的生态环境的失衡，由此造成对人类生活和生存的反馈也是消极的。为了科学合理地使用土地资源，促进土地的集约利用，缓解供需矛盾，我国近年来颁布了一系列相关的政策法规，如《国务院关于促进节约集约用地的通知》(国发〔2008〕3 号)、《全国土地利用总体规划纲要》(2006 ~ 2020 年) 以及启动的社会主义新农村建设等农村土地集约利用的政策，同时启动了系列科研项目，如"十一五"国家科技支撑计划重大项目"村镇空间规划与土地利用关键技术研究""区域土地资源安全保障与调控关键技术研究"[11]等。

空间信息技术的发展推动了土地优化配置研究的进步。自 20 世纪 60 年代以来，遥感技术（RS）发展迅速，已经由航空遥感进入航天遥感阶段，经过几十年的发展，目前遥感技术已广泛应用于资源环境、水文、气象、地质和地理等领域，成为一门实用的、先进的空间探测技术。遥感技术的发展也为土地利用/覆盖变化研究创造了有利条件，可以提供具有空间定位信息的土地利用和土地覆盖数据，随着地理信息系统（GIS）技术的发展，各种类型的 GIS 软件平台功能日趋强大，数据处理与分析功能趋于完善，通过与遥感技术的结合，为土地利用/土地覆盖变化研究提供了强有力的技术支持。近年来，GIS、RS 和 GPS（简称"3S"）的综合技术在土地利用优化配置研究中的应用也取得了较大的进展，土地优化配置的过程应该包括时间、空间、数量等多个角度，3S 技术的发展使土地优化配置实现了从单独的数理模型到与空间信息技术相结合，由此不仅对区域土地资源数量上进行了优化配置，还可以对配置的结果进行空间定位，极大地提高了土地优化配置研究成果对实践的指导价值。

计算机模拟与仿真技术被引入研究中并逐渐走向成熟，以及景观生态空间格局优化理论的不断完善，为模拟区域空间演化过程与实施区域空间格局优化提供了必要的技术条件和理论参考，使土地利用空间格局优化的深入研究日益有了较好的基础[12]。

本书以关中地区为研究区域，综合全面分析该区域自然环境特征和社会经济格局，在遥感（RS）和地理信息系统（GIS）等方法和技术的支撑下，拟对关中地区土地利用结构特征和动态变化过程进行分析，并以此为基础对该区域土地利用进行优化配置，为关中地区土地利用规划提供一定科学依据，实现关中地区社会经济和生态环境的相协调发展。

1.1.2 选题意义

国内外众多研究基于不同学科，提出了各种理论，并采用数学模型、空间分析模型对不同空间尺度区域的土地进行优化配置研究，为土地资源的合理利用提供了许多有价值的科学依据。目前针对关中地区的土地优化配置还只是停留在定性和半定量研究状态，对关中地区的土地利用变化也只是对于局部地区的分析，包括城镇扩张、渭北黄土高原生态脆弱区的土地利用变化等[13]，而对整个关中地区的土地利用/覆盖变化研究较少，综合系统地考虑各种因素，对其土地可持续进行综合定量研究的较少。本书以关中地区为研究区域，还因为这一区域兼有秦岭山地、渭河平原和黄土高原等多种地貌类型，具有典型复杂地域单元的特征，通过运用土地优化配置的相关研究理论、方法对这一区域进行实证研究，可以检验各种相关理论和模型的效用，并可以根据实证研究，对相关研究方法和模型进行拓展。

以西安为中心的关中地区，不仅是我国开发历史悠久，也是现代文明比较发达的地区之一，在全国区域经济格局中具有重要战略意义，是国家确定的重点建设地区之一，然而，关中地区地处我国西北，水资源缺乏，人均水资源量只有全国平均水平的 17%，属于资源型缺水地区，生态环境脆弱，局部地区水土流失严重，水土流失面积达 75 万 hm^2。1999 年，国家提出了西部大开发战略，在国家宏观政策的推动下，关中地区社会经济迅速发展，城市化、工业化进程加速，土地利用格局也发生着变化，根据相关的统计资料可以得知，关中地区的道路交通、城镇建设用地急剧增加，但是在发展的过程中也出现了区域中心城市边缘地带无序发展的现象，多种因素导致了耕地面积的减少以及耕地质量的下降，据统计，关中地区 1992 年人均耕地面积为 0.0913hm²，至 2007 年，人均耕地面积只有 0.064 hm²；区内主要河流渭河沿线污染严重，农村居民建设用地缺乏合理规划导致宅基地留用过多，出现了"空心村""荒废村"等一系列土地资源问题，其中一户多宅、闲置的宅基地和空闲的土地占建设用地比例的 12.4%[14]。至 2009 年，随着国家发展战略《关中—天水经济开发区发展规划》颁布，"关中—天水经济区"成为我国西部三大重点发展的经济区之一，国家针对此区域一系列宏观政策的出台，为关中地区的发展带来了新的机遇，如何高效利用有限的土地资源，使社会经济在得到快速、健康发展的同时，也要使脆弱的生态环境得到恢复和保护，成为关中地区所面临的重要问题。

从关中地区的内部空间看，各个地级市（区）的资源禀赋存在一定的差异，社会经济发展水平也存在高低，因此基于土地利用动态、结构与特征、自然与社会经济属性的综合分析，进行土地利用优化配置研究，能够为这一区域的资源优化利用，促进区域协同发展提供依据，此外，通过对这一区域的实证研究，可以丰富和深化土地优化配置研究的方法应用和理论基础。

1.2

土地优化配置的理论基础

1.2.1 土地优化配置的内涵

土地优化配置研究已经有相当长的一段历史，发展至今，已经成为土地资源学、生态学、地理学、经济学等多个学科的重要研究内容之一，许多学者从各自学科角度对土地优化配置赋予了不同的内涵，所表达的重点也不尽相同。

土地经济学相关研究认为土地利用配置是在地租影响下的安排布局，如杜能的农业区位论、韦伯的工业区位论就是这种理念的主要论述。

周诚认为土地配置是各种不同经济用途的土地的空间格局，是一个由点、线、面、网构成的多层次、多类别、多部门、多项目交织的网络结构[15]。在此概念中,对土地优化配置的空间结构进行了阐述,并对传统的调整对象进行了抽象理解。

Plummer L. N. 在 1993 年给出了土地优化配置含义的具体表述,认为土地利用结构优化是为了达到一定的生态经济最优目标,依据土地资源的自身特性和土地适宜性评价,对区域内土地资源的各种利用类型进行更加合理的数量安排和空间布局,以提高土地利用效率和效益,维持土地生态系统的相对平衡,实现土地资源的可持续利用[16]。

虽然这些表述对土地优化配置内涵的理解存在一定的差异,但是土地优化配置的主要内容还是针对有限的土地资源,遵循社会经济规律、自然生态规律,合理配置土地资源,让人口、资源与环境各要素有机结合,促进土地利用的社会经济效益和生态效益达到协调发展,值得注意的是,在对土地优化配置内涵的论述中,都强调了空间尺度,但任何事物都不是静止的,土地优化配置也不例外,在区域环境和条件不断发生改变的情况下,应根据实际变化,对土地优化配置的框架进行更改,因此除了空间尺度外,还需要考虑时间尺度[17]。

1.2.2 土地优化配置的特征

综合土地资源的特性,土地优化配置也因此具有多种特征:

(1) 整体性

土地利用是一个整体的系统,通过系统内社会经济的协调、各种土地利用类型和部门之间的协调,从而满足土地资源优化配置的要求,从系统的观点看,土地优化配置是不同尺度土地利用结构与对应层次功能的匹配。

(2) 灰色性

土地优化配置研究涉及各种自然要素和社会经济要素,而一些要素通常具有不确定性,因此需要采用灰色理论和方法对这些数据进行处理和解释。

(3) 多目标性

土地可以具有多种用途,因此可以根据土地的适宜性特征建立多种目标,如生态系统服务、社会经济、旅游游憩等,在土地优化配置的过程中,应该围绕其主要目标进行调配。

（4）时空性

土地资源优化配置不只是从时间尺度上对土地利用进行规划，还应该包括对其进行空间上的调配，其调整规划的方案不是静态的，还应该具有适时调整的功能。

1.2.3 土地优化配置的相关理论

在长期的土地优化配置研究中，许多专家学者已经从相关学科中吸收并转化成一些与土地优化配置相关的理论，为土地优化配置实践提供了科学的指导思想。但现有的专门针对土地资源优化配置的模型应用性的较多、理论性的较少[18]。

1.2.3.1 区位布局理论

土地利用空间优化配置最早来源于对城市土地利用所进行的布局，因此土地资源配置研究最早的理论基础也是起源于国外的区位布局理论，由 19 世纪 20 年代德国古典经济学家杜能发表的《孤立国》一书中研究的农业区位，到 19 世纪末，由英国社会活动家 E. 霍华德提出的"田园城市"的理念，为城市土地优化布局和可持续利用提供了非常好的设想，并对以后世界各地的城市规划和发展起了非常大的作用，此后，还包括 20 世纪韦伯研究的工业布局、克里斯塔勒的中心地理论，以及在中心地理论的基础上，廖什提出的区位经济景观、胡佛的经济区位论等，除此之外，还发展了众多的土地利用模式，如全球土地利用的极地模式、城市土地利用的同心圆模式、扇形模式、多核模式等，20 世纪 50 年代，法国经济学家佩鲁提出了增长极核理论，此后这一理论成为城市增长和发展的理论依据，对于城镇扩展、城市边缘地带的区域规划和城镇建设用地的空间布局具有重要的理论指导价值。

1.2.3.2 地理模拟系统理论

地理系统是一个复杂的系统，包括自然、社会经济等多个方面的地理事物和地理现象，并具有时间和空间属性，在对地理事物的系统研究过程中，利用现代化的手段进行定量化研究和过程模拟是面对复杂对象进行研究的重要手段。在建模的过程中，一方面，需要考虑宏观与微观研究相结合，通过在微观分析的基础上综合集成，探索地理事物内部深层次的演变规律，为对地理事物的合理规划与发展提供科学的依据；另一方面，地理系统是一个复杂的巨系统，具有突发性、进化性和动态性等特征，而传统的经典模型大多是静止的或者线性的，难以满足复杂地理系统研究的需求，随着计算机技术和空间信息技术的迅速发展，一些研究中提出了地理模拟系统，在不同程度上能够对复杂系统作出合理的解释。

地理模拟系统（Geographical Simulation System，GSS）是指在计算机软、硬件支持下，通过自下而上的虚拟模拟实验，对复杂系统进行模拟、预测、优化和显示的技术[19]。地理模拟系统可以从微观尺度分析地理事物的空间分布格局，从而揭示其形成机理。近年来，地理模拟系统不管在算法还是应用上都取得了较大的进展。主要的地理模拟系统包括元胞自动机模型（CA）、多智能体系统模型（MAS）、土地利用变化及效应模型及其改进模型（CLUE/CLUE-S）、世界粮食与农业系统全球模型、温室效应综合评价的 LMAGE2.0 模型（Integrated Model to Assess the Greenhouse Effect）等[20]。地理模拟系统不只是一个具体的模型，更是融合了多个学科的理论，包括计算机仿真、人工智能、系统论、协同论等多种理论的集成，地理模拟系统的加入，使土地优化配置的方法论有了较大的进展，是土地利用优化过程有选择性吸收了相关学科发展的最新研究理论，为其研究提供更为科学的方法，使以前停留在理论上的探讨向实际操作提供了新的理论依据。

1.2.3.3 景观生态学理论

"景观生态学"（Landscape Ecology）首先由德国生物地理学家 C. Troll 于 1939 年提出，其目的是协调统一生态学和地理学两个学科的研究[21]。土地是景观生态的载体，越来越多的研究把景观生态学的理论应用于土地利用分析和优化配置研究，如运用景观生态指数对土地利用景观格局进行研究，为土地利用/覆盖变化研究提供了新的视角和定量研究模型。一些学者也从景观生态学理论基础上提出了土地利用结构优化模型，目前已有研究主要是把景观格局整体优化作为模型的核心，其中以 Habber 和 Forman 的研究为主要代表。

（1）土地利用分异战略（DLU）。

德国生态学家 Habber 建立的土地利用分异战略 DLU，其整体过程包括：①进行土地利用分类，识别研究区域土地利用主要类型，并划分区域自然单位

（RNU），每个 RNU 有自己的生境特征组，并形成可反映土地用途的模型；②评价、确定空间格局：对每个 RNU 进行评价和制图，确定每个 RNU 的土地利用的面积百分率；③敏感度分析：识别 RNU 中对环境影响表现最敏感地区及最具保护价值的地区；④空间关系分析：分析了每个 RNU 中的所有生境类型间的空间关系，特别侧重于连通度的敏感性及不定向或相互依存关系等；⑤影响分析：利用以上所得信息，评价每个 RNU 中不同区域对环境影响表现出的敏感度，特别强调影响的敏感性和影响范围。Habber 提出的这一分异战略以区域自然单元为主题，强调了 RNU 中生境间的空间关系，但对各 RNU 间空间联系的分析仍缺乏方法与手段，没有完全反映土地利用结构空间布局关系。

（2）集中与分散相结合。

Forman 在 " Land Mosaics:The Ecology of landscape and region "（1995）一书中，对景观格局的优化方法进行了总结和归纳，并强调景观空间格局对过程的控制和影响作用，即通过格局的改变来维持景观功能、物质流和能量流的稳定。Forman 的格局优化理论主要围绕以下几方面展开：①背景分析：了解研究区域的自然、人文背景，并关注区域中的景观空间配置；②关键地段识别：对于具有关键生态作用或生态价值的景观地段给予特别重视；③生态属性规划：明确景观生态优化和社会经济发展的具体要求，如维持那些重要物种数量的动态平衡、土地肥沃度以及其他社会经济指标；④空间格局优化：将前述的生态和社会需求落实到规划设计的方案之中，即通过空间格局配置的调整实现前述目标。Forman 的格局优化理论把生态学理论融入空间格局规划过程中，这种"集中与分散相结合模式"（Aggregate-with-outliers Pattern）被认为是生态学上最优的景观格局，同时也是目前土地利用空间格局优化中较为明确的理论依据[22]。

（3）生态规划与设计理论。

陈昌笃提出了生态规划与设计的理论，在此理论中，土地资源优化利用指的是用生态系统的观点合理布局和安排农、林、牧、副、渔业和工矿交通事业，以及住宅、行政和文化设施等，保证自然资源最适当的利用，保护环境不受污染破坏，生产得以持续发展[23]。

（4）景观生态安全格局。

俞孔坚提出了景观生态安全格局（Ecological Security Patterns in Landscape）的概念。在此论述中，景观中有某些潜在的空间格局，可以称为生态安全格局，由景观中某些关键的局部、位置和空间联系所构成[24]。对于导致景观生态安全格局被局部或者全部破坏的景观变化是不可以接受的，而可以接受的生态规划和景观变化则是景观生态安全的加强和维护，此理论强调的是景观规划对生态安全格局所造成的影响。

1.2.3.4 人地协调理论

人地协调理论作为地理学的基础理论，体现了地理学的研究视角和根本定位，人地协调理论强调的是人口、资源、环境的协调，土地是人类生存的基础，而人类应该主动认识所处的自然环境，并遵循其内在的规律有意识地去改变，人地协调的目的就是人地系统中的各个组成要素能够达到一种理想的组合，也就是优化状态[25]。人地协调理论是实现资源合理利用、土地优化配置等多个目标的理论依据，土地资源的有限性和土地需求日益增加之间的矛盾，从人地关系理论上看，可以被认为是人类社会发展和自然环境之间的矛盾，从人地关系角度理解土地的可持续利用，可以更加深入地分析土地利用中存在的问题，从而提出基于人地协调发展的土地可持续利用对策与建议。

1.2.3.5 可拓学理论

可拓学由蔡文等于1983年创立，是研究事物拓展的可能性和开拓创新的规律与方法，并用以解决矛盾问题[26]，可拓学自被提出以后，广泛地应用于许多研究领域，其基础理论包括物元可拓性理论、物元和物元变换理论、可拓集合理论、共轭分析理论等，土地资源具有可拓性，如发散性、可扩性、相关性和共轭性[27]，土地具有多宜性，经常是某一个地块，可能是耕地的最适宜区，但也会是建设用地、林地和草地等其他类型的最适宜区，因此就会出现城市扩展、生态建设和耕地保护的矛盾，其中的相关性等表示一种土地利用类型与相邻的类型密切相关，一种类型的变化常常会引起周围其他类型的土地利用变化。因此，运用可拓学理论研究土地资源的可拓性，有利于揭示土地资源的特征及分析土地资源合理利用的影响因素，为处理土地资源优化配置中的冲突问题提供理论依据。

1.3

国内外研究综述

1.3.1 国外研究综述

国外早期对于土地优化配置的研究是在区位布局理论指导下的实践，例如，为了验证田园城市的理论并宣扬此理念，霍华德于 1903 年在距伦敦 56km 的地方购置土地，建立了第一座田园城市——莱奇沃思（Letchworth），1920 年又在距伦敦西北约 36km 的韦林（Welwyn）建立了第二座田园城市。国外对于土地资源优化配置主要包括基于政府决策行为的土地征用、规划增值调整和土地整理，如第二次世界大战后荷兰对农村地区通过土地整理处理农业、土地景观、自然资源保护及休闲用地之间的关系，促进了农村土地的综合利用开发；日本以消除城乡差别，改善人居环境，提高农业生产力和高效集约利用土地为目的进行了土地资源配置；德国利用现代化的土地信息采集系统建立了土地管理信息系统，为土地管理和整理提供实时动态的参考；美国通过土地用途分区明确规定各分区范围、利用方式和允许开发的最大强度，并依法规条例予以实施，限制土地开发和产业发展；又在充分考虑地区特征和未来发展计划的基础上将城市分为特殊保护区、特殊目的发展区、特别发展区和混合用途区等[28]。

X. P. Gonzalez，C. J. Alvarez 和 R. Crecente 等通过探讨地块的形状和大小对各种类型的土地分布进行了研究，并以西班牙西北地区的 Galicia 为例，确定哪些地区急需土地整理。

S. H. R. Sadeghi 和 K. H. jalili 等以伊朗 Kermanshah 省的 Brimvand 流域为研究区域，以效益最大化、土壤侵蚀最小为优化目标，运用线性规划方法对其土地利用格局进行调配，并进行敏感性分析，根据优化结果，土壤侵蚀量将会减少，而土地收益则增加，敏感性分析的结果显示，目标函数易受到灌溉农田和果园总面积约束的影响[29]。

Kralisch 等（2003）和 Riedel（2003）通过人工神经网络（ANN）和地理信息系统的结合，运用线性规划方法分别对德国的流域和泰国北部山区的土地进行优化配置以获取最大综合效益。

Benli 和 Kodal（2003）运用线性和非线性的规划方法对土耳其 Anatolian 流域东南部地区，在适量而且有限的水资源供应条件下，探讨其农作物种植模式、水资源量和农业收入等方面，其研究报告表明，在缺水灌溉条件下，非线性优化模型比线性优化的结果可以给农业带来更多的收入。

Huda Abdelwahab Sharawi 从社会福利的角度对苏丹中部地区的土地进行了优化配置研究，此地区可供选择的土地利用类型为阿拉伯树胶种植、桉树种植和香蕉种植，研究采用了"损耗—收益"分析（CBA）的方法对其进行了评价，这种评价方法的最大特点是对市场导向的评价机制的排斥，其研究结果表明，基于经济总量增长最大及其社会公平考虑，桉树种植是此区域的最佳选择，其次为阿拉伯树胶，欠佳的方案则为种植香蕉[30]。

Mohseni Saravi 等运用目标规划方法，分别基于经济、环境和社会准则对伊朗古列斯坦省的 Garmabdasht 流域的土地进行了优化配置研究，对区域内的人工林、牧草地、公园和保护区的土地进行了配置，以满足区域在最小总投入和沉积量的同时，以满足获取最大收益和产出以及就业机会等多目标的需要，研究的结果表明基于经济准则的配置可以满足所有其他方面的需求。

1.3.2　国内研究现状

相比较土地利用优化配置在国外主要是由政府主导的土地整理实践，我国学者从理论原则、模型构建、算法优化和 GIS 应用等方面，结合系统动力学、马尔可夫链理论、灰色线性规划模型和 GIS 地学分析，针对大区、省、市、县和流域等不同尺度的研究区域，进行了土地利用优化配置的探索性研究[31]。

刘彦随基于耕地资源优化配置理论与方法分析以及城市化进程中耕地资源利用特点，提出了区域耕地容许转换量化模型，为多目标导向下的区域耕地资源优化配置提供了量化方法和决策依据；以陕西秦岭山地为例，进行了土地利用类型的结构分析，并根据山地类型结构格局的空间层次性、结构多级性和功能多元性等特点，提出了不同空间分析尺度下山地土地利用空间配置模式和优化利用方案[32]。龙花楼等对我国开发区土地资源的优化配置进行专门研究，基于系统科学、生态学、资源经济学等学科的理论和方法提出了可操作途径；

郑新奇探讨城市土地优化配置与集约利用评价的理论、方法、技术，并以济南市为研究区进行实证研究；王华春分析了中国快速城市化进程中的土地资源优化配置这一核心问题，认为市场化配置是实现城市国有土地资源优化配置的重要手段；何书金等对黄河三角洲主体东营市土地利用现状和变化特征进行了分析，并提出了因地制宜、发挥优势、突出综合效益和保护生态环境的土地持续利用优化原则与目标[33]；陈玉福、王业侨等以海南省为例，基于城乡土地利用的差异性，从优化城乡土地利用和土地资源管理的角度，探讨统筹城乡发展的途径[34]；傅瓦利以重庆三峡库区开县为研究区域，在对其景观格局的分析的基础上进行土地优化配置研究，并对比了区域土地优化配置前后的生态效应[35]；韦仕川、吴次芳等以浙江省为例，针对沿海地区社会经济发展较快，建设用地扩展非常迅速的背景下，由此导致的对耕地和其他类型的土地占用较大的情况，运用比较优势的理论，从对各种类型的土地利用效益的比较优势出发，提出了缓解社会经济发展和保护耕地之间矛盾的科学合理的建议[36]；苏伟、陈云浩等在对北方农牧交错带的土地覆被变化、土壤侵蚀现状、人口发展趋势和经济发展状况，从宏观外部约束性因素和局部土地单元格局演化等土地格局的影响因素的分析情况下，以生态安全为目标，对土地利用进行了土地优化配置[37]；金志丰、陈雯等充分考虑了土地适宜性对土地优化的主导控制因素，通过对宿迁市的主要土地利用类型的适宜性进行评价的基础上，进行了土地利用的空间优化配置[38]；赵筱青采用最小累计阻力模型（MCR）对土地利用进行功能分区并对生态格局进行划分，以此对山地土地资源格局进行了优化，取得了良好的效果[39]；刘艳芳、李兴林等以遗传算法对海南省琼海市土地进行了优化研究，构建了多目标线性规划模型，并运用多目标的 Pareto 的方法对模型进行了解算[40]；任奎、周生路等以精明增长为指导理念和约束条件，采用灰色多目标规划，结合灰色关联分析，对土地进行了优化配置研究，其研究过程较好地把精明增长理念和土地利用规划定量地实现了融合[41]；汤洁等以土地利用与土地覆盖变化对土壤有机碳的变化具有较强的关系为依据，以土壤有机碳最大化为优化目标，通过人为改变植被类型，间接改变土壤物理结构、土壤微生物、土壤团聚体等性质，从而影响土壤有机碳的含量，以此达到土地优化的目的[42]；牛继强、徐丰使用遥感数据获取土地利用的空间要素，提出了基于遥感和绿当量的优化卷积算法和优化模型进行区域土地优化配置，根据此方法可以实现任意区域和尺度的土地利用结构优化，从而提高土地利用

土地利用规划的合理性和准确性[43]；张英等以伊犁新垦区为例，通过对 GIS 与外部模型的集成，建立了"土地适宜性评价—土地利用结构优化—空间配置"三位一体的农业土地资源优化配置自动化系统[44]；刘彦随等从地理学的角度分析了我国农村近年来普遍存在的"空心村"问题，剖析了其形成机理，并据此对农村空心村进行土地调控的模式进行了探讨[45]；徐昔保、杨桂山等以兰州市为研究区域，从土地适宜性、数量比例、空间相容性等多个因素考虑，构建了 GIS、CA 和 GA 的耦合城市土地利用优化模型[46]。

综上所述，土地优化配置的研究目的、研究方法和研究视角正越来越呈现出多元化的特征，根据其研究内容和研究方法归纳起来可以包括两个方面：一是根据各种土地利用的相关原则，评价区域内各种土地利用类型的适宜性，对区域土地进行合理规划，实现优化配置；二是基于区域土地利用的特征和存在的生态环境问题、社会经济问题，建立约束条件，如水资源约束、生态安全约束、社会公平约束，并根据一些经验统计模型对不同约束条件下的土地数量优化配置进行预测，通过构建空间模拟模型使数量配置结果落实到空间位置上，使土地利用结构在约束条件的限制下趋于合理，能够较好地优化区域土地利用格局。

1.3.3　研究存在的问题

（1）没有形成完整而系统的研究理论。理论凝练为研究的科学性提供重要的依据和指导作用，但是关于土地优化配置的理论研究较少，大多零散地分布在相关文献和研究中，目前还没有形成与该研究直接相关的系统性理论。

（2）定性研究或半定量研究较多，定量化、空间化研究略显不足。目前，由于研究方法和资料获取等因素的制约，土地优化配置研究以定性分析、对策分析为主，即便以往对局部或特殊地区进行的土地利用空间优化调配，大多采用田野调查的方法，研究成果的实践指导价值具有较大局限性。土地优化配置最终目的是要实现土地资源的集约利用，促进人地协调的发展，如果土地优化配置研究只停留在定性描述、定性分析、定性下结论的层面上，论证不充分，结论不确切，难以确定区域最佳优化方案和真正的决策方案，并为有关部门提供可操作的实践依据。

（3）土地动态模拟和优化方面的不足。GIS 已经是土地优化配置研究中的重要手段，其地理空间数据处理与分析功促进了土地优化配置精准化、空间化的发展，但是目前大多数 GIS 还只是一个静态的系统，对于时序分析略显不足，因此其空间模拟能力显得较为薄弱。一些研究者通过利用各种数理模型、动力学模型和 GIS 的耦合，在一定程度能够提高模型动态分析和模拟的能力，但由于土地资源时空布局属于多目标规划问题，土地具有多功能性，土地利用也具有多目标性，不同目标之间的竞争性和复杂性使得对其优化变得非常困难，而一些学术性 GIS 软件如 IDRISI 虽然提供了一些集成的模型，但是又不具有灵活性，无法根据实际情况对模型的参数进行调整。

（4）土地综合优化研究的不足。许多研究多对区域农业土地或者城镇土地分别进行优化调控研究，这两者的变化也常是区域土地利用变化的主要类型，而统筹考虑城乡协调、土地类型协调的综合土地利用优化模式的研究不多。土地利用不是孤立的，应该与外部空间联合起来形成区域土地利用。如果只考虑单一区域或土地利用类型的结构调整，而忽视其他区域或类型，则有可能导致整体结构失调。

1.3.4 研究趋势

土地优化配置研究的发展趋势，首先是在跨学科综合研究的基础上，运用数理统计、3S 技术等多种技术方法的集成。

土地优化配置的区域尺度和优化配置的目标也将呈现多样化的趋势，针对生态脆弱区、城市扩展的边缘地带的土地优化配置将显得尤为重要。

建立区域土地自动优化系统，在这个自动化的优化系统中，将使优化配置的研究工作不再变得困难，同时还融入专家知识，使之具有能够综合考虑各方面的意见，使配置方案科学性和合理性得到增强，具有动态性、灵活性、系统性等性能。

1.4

研究方法与思路

1.4.1 研究方法和手段

（1）文献梳理与综述

通过查询和梳理国内外相关研究研究成果，为研究的开展提供前沿的理论视角和资料，构建区域土地利用动态模拟与优化配置总体研究思路。

（2）遥感技术

遥感数据是重要的空间数据源。运用遥感解译技术对多期遥感影像进行图像预处理、图像判读解译以获取研究时段内关中地区土地利用的基础数据。

（3）地理信息系统技术

本研究将采用地理信息系统技术进行空间数据处理、空间分析和专题地图的制作，其中空间数据的处理包括坐标变换、空间数据的矢栅转换、多源数据的尺度转换与融合，建立关中地区土地利用、自然生态、社会经济等方面的数据库。空间叠加分析、空间自回归分析、空间模拟分析、探索性空间数据分析等 GIS 空间分析功能将被用于空间格局分析、空间模拟预测和空间可视化表达等。

（4）景观生态指数方法

景观生态指数是景观生态学的重要定量研究方法，也是分析和模拟景观功能的重要工具，研究将运用不同级别的景观生态指数对关中地区的土地利用景观格局进行分析。

（5）数学模拟方法

土地优化配置研究中采用数学模拟方法是非常必要的，采用恰当的数学模拟方法，能够有效掌握和梳理多方面的信息，以解决多目标、多方案、多种结构所提出的复杂要求，且在使用数学模拟方法的过程中，通过与计算机技术相结合，使模拟结果能得到直观的显示。

（6）定性评价与定量分析方法

结合关中地区的自然生态和社会经济概况，以及存在的土地利用问题，对关中地区土地利用可持续性进行定性分析和评价，以综合指数法、土地利用优化配置模型与 GIS 耦合等方法对土地利用的适宜性进行定量综合评价并实现优化配置。

（7）实证研究方法

以关中地区为案例区域进行实证研究，通过土地利用优化配置相关理论、方法、模型和技术的综合运用，完成对土地优化配置研究的案例探索。

1.4.2　研究思路与框架

土地利用优化配置涉及多个学科的相关知识，本书将在借鉴各个相关学科在土地优化配置的研究的优势的基础上，对关中地区的土地利用系统进行分析，从而实现研究目的（见图 1-1）。主要包括几个方面的内容：关中地区的土地利用格局及其动态变化；土地利用景观格局与变化的景观生态学分析；土地利用影响因子的多源数据处理和空间相关性分析；关中地区土地适宜性评价和土地优化配置的空间模拟。最后，结合研究成果以及关中地区土地利用所存在的问题，提出土地优化利用的发展策略。

研究首先分析了本书的选题背景和意义，并对土地利用优化配置的国内外研究现状进行了综述，对土地优化配置的相关理论、研究现状和发展趋势以及存在的问题进行了分析，在此基础上，提出了研究的目的和意义。在本书的研究过程中，首先以土地利用/土地覆盖变化的相关理论和研究方法对关中地区土地利用时空动态变化进行分析，建立了研究所需的基础数据库，并运用景观生态学的理论和方法对关中地区的土地利用景观格局进行分析，进一步深化关中地区土地利用变化研究的基础。运用 GIS 空间数据处理方法对土地利用影响因素中的非空间数据进行空间化，以及实现多源数据的融合，并运用空间自相关和空间回归的方法，对土地空间自相关现象进行定量研究和分析，然后对土地利用格局与影响因素之间的关系进行定量研究，以明晰土地利用格局与各个影响因素之间的内在联系。运用 GIS 空间方法，对关中地区的主要土地利用类型的适宜性进行评价，对其适宜性等级进行数量上统计并实现空间上的分布制图，在此基础上，运用地理空间模拟系统模型对土地利用进行空间优化配置模拟和土地利用综合分区，最后根据关中地区土地利用所存在的问题，并结合研究的结果，对关中地区土地可持续利用提出相应的对策和建议。

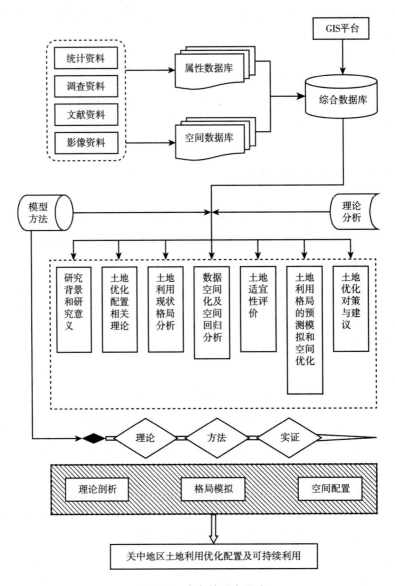

图 1-1 本书的研究思路

1.4.3 拟解决关键问题

本书将在查询和梳理相关资料文献的基础上，针对目前的研究现状和存在的问题，结合研究的实际状况，提出本研究中需要解决的几个关键问题，并在此基础上尝试以解决。本研究中需要解决的三个关键问题：

一是土地利用格局形成的影响因素及作用机理，需筛选出对土地利用变化产生影响的关键因素，采用空间分析方法、数理统计方法，完成作用关系的定性和定量研究；

二是区域土地利用格局重构和功能优化问题。在土地利用类型层面，如何通过土地类型斑块的调整，实现土地利用格局的优化重构；在土地利用功能层面，如何实现土地利用主导功能的空间优化；

三是土地利用变化过程和优化的空间模拟。包括如何构建空间模拟模型，对区域土地利用变化过程与特征的分析和凝练，以满足土地优化配置定量化、空间化的需求。

1.4.4 内容安排

本书将分为 9 个章节，其中第 1 章对土地优化配置的研究背景、选题意义、研究现状和相关研究理论进行综述；第 2 章为研究区域的概况，对关中地区的自然和社会经济发展进行介绍；第 3 章为对关中地区几个时期的遥感影像解译，并进行土地利用时空动态和景观格局分析；第 4 章为对关中地区典型地区土地利用进行研究和分析；第 5 章为对研究中的多源数据进行融合，并利用空间自回归模型分析关中地区土地利用格局与影响因子的定量关系；第 6 章为对关中地区主要土地利用类型的适宜性空间分布进行研究；第 7 章为对关中地区的土地进行空间优化配置研究；第 8 章为对关中地区土地系统研究的基础上，提出优化利用的对策和建议；第 9 章为本书的结论和讨论部分，总结本书所取得的主要研究成果和研究创新之处，对本书的不足进行探讨并提出未来需要进一步研究的问题。

第2章

研究区概况

关中地区的地域范围有狭义和广义之分，狭义的关中地区所辖范围仅为关中平原，介于陕北黄土高原和秦岭山地之间，西起宝鸡峡、东到潼关，其范围总面积约为3.9万km²，平均海拔326~600m，在本书中，研究区范围是以行政单元的边界确定的，位于陕西省中部，介于33°35′~35°50′N，106°18′~110°37′E之间，西起宝鸡，东到潼关，南依秦岭，北至黄龙山、子午岭，东部与河南省、山西省相邻，西部与甘肃省接壤，南部是陕西省汉中、安康、商洛三地市，北部是陕西省延安市，此范围不只包括关中平原地区，还包括了陕北黄土高原和秦岭山地的一部分，包括西安、铜川、宝鸡、咸阳、渭南5个地级市和杨凌农业高新技术产业示范区，共54个县（市、区）（见图2-1），其

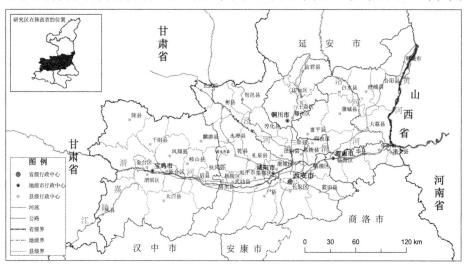

图2-1 研究区范围及位置

东西长约400km，南北宽约30～80km，总面积约5.53万km²，区域地貌类型复杂，自然环境条件和社会经济发展存在较大的差异，土地利用特征各异。关中地区也是陕西省自然条件比较优越的地方，社会经济发展迅速，农业、工业、高新技术产业、旅游业等在陕西省乃至西部地区均有重要地位。

2.1

自然地理背景

气候：关中地区属于暖温带和半湿润季风气候区，主要特点是：冬冷夏热，四季分明；降水集中，雨热同季，易发生干旱。区内气候的水平地带性和垂直地带性规律均较明显：气温由南向北和由低到高逐渐降低；年平均降水量呈由南向北递减，由西向东递减的地域变化规律。年平均气温7.8～13.5℃，最冷月均温一般为－1～3℃，绝大部分地方无大寒期，冬长5个月，最热月均温23～26℃，并出现暑热期，极端最高气温42.8℃，极端最低气温为－28.1℃。区内年平均降雨量550～700mm，沿秦岭北坡的局部地区可以超出800mm，总体处于中等水平，全年蒸发量大于降雨量，属于资源型缺水地区。降水年际变化大，年降水变率在20%～25%，年内分配不均，以7月、9月为多雨月，高度集中于夏秋季，夏秋季降水占全年降水的60%左右，而且多以暴雨的形式降落，这种降水特点是关中干旱和洪涝形成的基本原因，也是水土流失的主要原因之一，此外，关中地区伏旱重，春夏旱轻，东部多伏旱，西部多春夏旱，还是发生春霜冻和干热风等自然灾害的重点地区之一。此地区太阳辐射总量约为105～125kcal/cm²·a，六月是此区月辐射量最大值。从季节分配看，太阳辐射量以春、夏两季所占比例最大，秋次之，冬最低，并表现着从初春到晚春逐渐增高，从初秋到晚秋逐渐降低的规律性（图见2-2）。关中地区≥10℃积温大多在2000～4000℃之间，东部高于西部，随纬度减低而增加，随海拔高度增加而减少，积温最少的地方为华山（见图2-3）。关中地区水热条件与光照资源满足一年两熟。

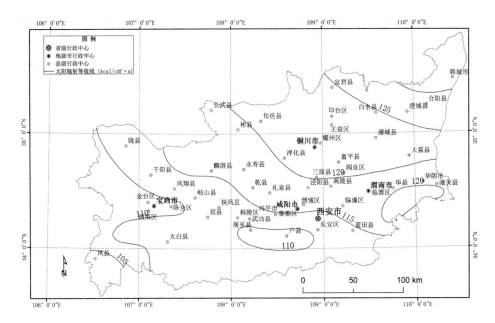

图 2-2　关中地区太阳辐射分布

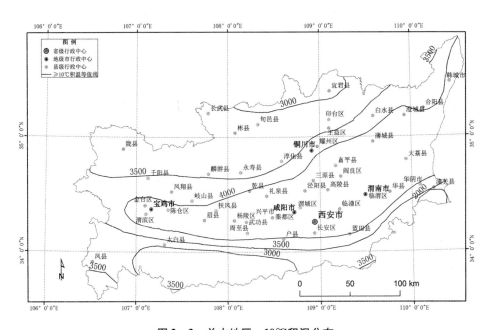

图 2-3　关中地区≥10℃积温分布

土壤：在地形地貌、降水量、植被、成土母质和人为影响等成土因素的共同作用下，关中地区形成了较为复杂的土壤类型，主要有娄土、褐土、黄绵土、黑垆土、山地棕壤等（见图 2-4）。其中娄土又分为油土、垆土、立搓土等，油土分布在关中平原西部的高阶地上，垆土主要分布在关中东部比较温暖干旱的地方，特别是西安以东渭河南北的黄土台塬上。立搓土主要分布在秦岭北坡，残存黄土洪积扇上，以长安、周至、宝鸡、蓝田境内最广。褐土又称肝泥土，是分布于渭河平原低山丘陵地的一种自然土壤，土质黏重，保水保肥，但耕作困难。黄绵土、黑垆土少量展布于黄土台塬及黄土塬沟壑区、黄土梁等。此外靠近渭河的河漫滩及超河漫滩一级阶地上有草甸土，河流沿岸及灌区分布着冲积土、盐渍土，沿秦岭北坡发育着水稻土和沼泽土，秦岭山地分布着山地棕壤，沙苑区分布着沙土。

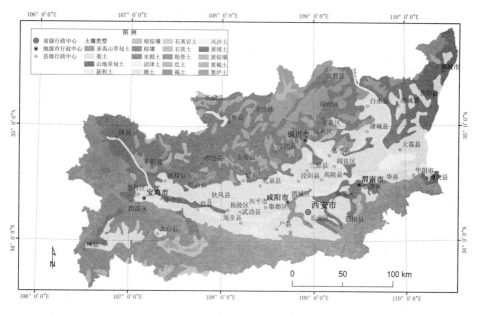

图 2-4　关中地区土壤类型

水文水资源：黄河干流由北向南流经关中地区东部，是陕西和山西两省的界河，渭河是黄河在关中地区的主要支流，与黄河在关中地区呈"T"字形分布。渭河陕西段河长 502km，流域面积 3.32 万 km²，分别占渭河全长和流域总面积的 61.4% 和 53.2%，是关中地区主要的地表水资源。北岸支流源远流长，但数量较少，主要有金陵河、千河、漆水河、泾河、石川河和北洛河等；

南岸支流均发源于秦岭北坡，比降大、流程短、流域面积小，由西向东主要有清姜河、石头河、黑河、涝河、沣河、滔河等。关中地区地表水资源量73.697 亿 m³，地下水资源量 53.409 亿 m³，扣除两者重复量 45.079 亿 m³，水资源总量约为 82.027 亿 m³，关中地区人均水资源量只有 446m³，是我国西部地区水资源比较缺乏的地区之一。

地形地貌：关中地区跨渭河平原及其以北地区两大地质构造单元，属中朝准地台南部的陕北地块；南部山区属秦岭褶皱带。关中地区地势上南北高，中部低，西部高，东部低。从地貌上可以分为：关中盆地、秦岭山地区和黄土高原丘陵沟壑区（见图 2 - 5）。其中关中盆地面积 23165km²，约占关中地区总面积的 41.8%；南部秦岭山地面积 22029 km²，约占关中地区总面积的 39.8%；关中地区的黄土高原丘陵沟壑区属于陕北黄土高原丘陵沟壑区的南部部分，总面积 10190 km²，约占关中地区总面积的 18.4%。

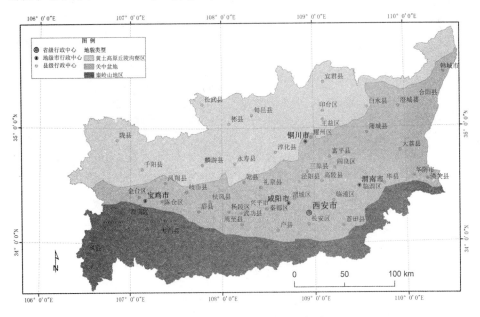

图 2 - 5　关中地区主要地貌类型

物种：关中地区生物多样性比较丰富，渭河平原区以人工生态系统为主体，农作物、人工林和饲养动物种类较多；而平原南北两侧的山地以森林生态系统为主，野生动植物种类繁多，生物资源丰富。区内有种子植物 2300 余种，其中经济植物 1500 余种，有国家重点保护植物 20 余种，主要植被类型为冬小麦、玉米、华山松林、云杉林、荆条灌丛和桦、杨林等（见图 2-6）。野生动物主要分布在秦岭北坡的山地森林区，这里人类活动较少，一些大型动物和珍稀动物常栖息繁衍于山林之中；而平原农作区是人口密集的地区，多人工饲养的家禽牲畜，以及鸟类、野兔和鱼类资源。

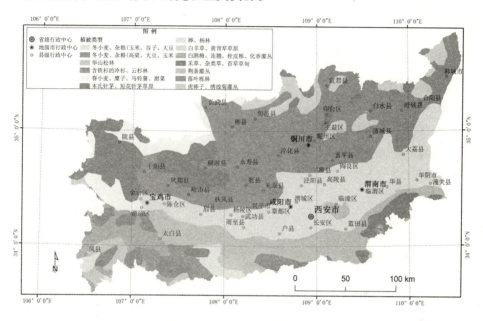

图 2-6　关中地区主要植被类型

2.2
社会经济概况

关中地区是中华民族的发祥地之一，开发历史悠久，目前已是我国西部地区最重要的经济带之一。2007 年关中地区的国民生产总值、农林牧渔业总产值和工业总产值分别占当年陕西省同类产值的 64.73%、59.37% 和 54.26%，是陕西省经济发展水平最高的地区，其中位于中部的西安市是全省的政治、经济、文化教育中心。

2.2.1　人口增长

关中地区是陕西省人口最集中的地区，人口增长速度较快（见图 2 - 7），新中国成立初期人口总数为 885.63 万人，至 2006 年，人口总数达到了 2265.14 万人，全区人口占全省人口总数的 62.65%，其中市镇人口 1483.2 万人，占关中地区人口总数的 65.48%，非农业人口总数为 781.94 万人，占人口比重的 34.52%。平均人口密度为 411.84 人/km²，西安市人口密度最大，为 831.95 人/km²，其次为咸阳，人口密度为 490.06 人/km²。

人口数量的不断增长对该区域资源和环境造成了较大的压力，也对区域社会经济的可持续发展造成了较大的影响。

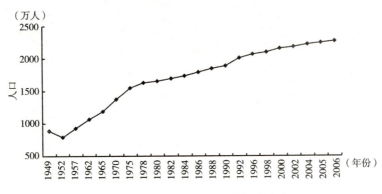

图 2 - 7　关中地区人口增长趋势

2.2.2　经济发展

关中地区农业自然条件优越，2007 年耕地面积 151.836 万 hm²，人均耕地面积 0.064 hm²，农业水利化、机械化程度较高，是陕西省最重要的农耕区和粮食、棉花、油料生产基地。粮食作物主要有小麦、玉米、水稻、豆类、薯类等，经济作物主要有棉花、油菜、蔬菜、水果等。陕西小麦主产于关中，油料是全区的第二大经济作物。此外关中也是全省最重要的经济林和水果生产基地，其中水果产量占全省的 2/3 以上，苹果、猕猴桃、石榴已成为关中地区的优势产品，也是农村经济发展的重要产业。

关中地区工业基础较好，经过新中国成立以来长时间的发展，其工业体系已经较为完备，以机械、电子、轻工、食品、有色金属等产业为支柱，以国有大中型企业为骨干，是一个具有实力的工业基地。近年来，高科技、高新技术产业发展很快，以陇海线为轴线，在关中地区已形成西起宝鸡，东至渭南的高新技术经济开发带，有西安高新技术开发区、杨凌农业高新技术产业示范区、宝鸡高新开发区等3个国家级高新技术开发（示范）区和渭南、咸阳2个省级高新技术产业开发区。但是由于资源的限制以及生态环境制约，关中地区的工业还面临着产业结构调整和产业转型、升级的巨大压力，只有与资源相匹配，不对土地生态环境造成负面影响的且工业总产值最大的工业格局才是关中地区工业发展的目标。关中地区各市的经济发展水平和特点具有一定的差异，2007年，关中地区国内生产总值达到了3486.7亿元，以西安市的国内总产值最大，其次为咸阳市和宝鸡市（见表2－1），其中铜川市是关中地区重要的煤炭资源型城市。

表 2－1　　　　　　　　关中地区 2007 年社会经济概况

地区	人口（万人）	国内生产总值（亿元）	农林牧渔业产值（万元）				
			总值	农	林	牧	渔
西安市	830.54	1763.73	1233272	798163	15845	410213	9051
咸阳市	499.67	587.78	1909069	1486078	17899	399816	5276
杨凌示范区	16.62	25.76	33227	21282	240	11705	0
渭南市	542.04	424.88	1291712	938531	70477	274522	8182
铜川市	83.56	102.80	138609	101651	8163	28305	490
宝鸡市	375.70	581.75	975344	524164	33211	414094	3875

资料来源：陕西省统计局. 陕西省统计年鉴［M］. 中国统计出版社，2008

关中地区还形成了我国西北地区的最大的城市群，关中城市群体系可以分四个层次：第一层次为核心层，即西安中心城区；第二层次为紧密层，即四大副中心临潼、长安、咸阳、三原；第三层次为中间层，即西安都市圈三大外围中心城市渭南、铜川、杨陵；第四层次为开放层，即关中城市群六大周边中心城市宝鸡、彬县、黄陵、韩城、华阴、商洛。城市群的形成促进了关中地区城市化进程的加速，对区域社会经济结构和土地利用方式都会产生极大的影响。

2.3

考察路线

由于本书的研究区域范围较大，内容涉及的数据范围较广，为了对研究区域的总体情况进行把握，以及对包括土地利用方式和存在的问题、土地利用/覆盖的历史与现状、社会经济发展水平等了解和对研究所需数据的验证核实等，并且为了使研究结果能更好地与实际情况相符合和具有实践指导价值，因此在研究准备阶段和本书的撰写过程中，笔者先后多次赴关中各个地区进行实地考察：2006 年赴咸阳市乾县，西安市临潼区考察；2008 年赴咸阳市三原县考察；2009 年 7 月，赴宝鸡市千阳县、陇县，咸阳市长武县、乾县，西安市户县、秦岭北麓，渭南黄河湿地等地区进行考察。具体考察路线如图 2-8 所示。

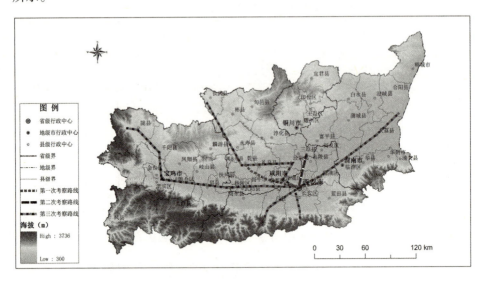

图 2-8 研究考察路线

关中地区典型土地覆被实景图如图 2-9 所示。

a. 耕地（陇县固关）

b. 山地景观（秦岭北麓）

c. 湿地（冯家山水库）

d. 耕地景观（关中平原腹地）

e. 河滩地

图 2 - 9　关中地区典型土地覆被实景图

第3章

土地利用时空动态与景观格局分析

　　土地利用/覆盖变化是自然环境变迁与人类活动共同作用的结果，也是人类活动和自然生态相互作用最为密切的环节，被认为是记录人类活动的重要工具和手段。近年来，随着国家政策的实施，社会经济发展迅速，关中地区土地利用格局也发生了相应的变化。关中地区渭河平原区地势平坦，是我国西部生态环境较好的地区之一，此区域开发历史悠久，人口密集，人类活动强烈，西部大开发以来，社会经济得到了较快速的发展；北部黄土高原丘陵沟壑区生态环境脆弱，自提出"再造山川秀美"以来，此区域成为我国退耕还林还草等生态建设重点地区之一，因此也是土地利用/覆盖变化研究的热点地区，通过对关中地区土地利用/覆盖变化进行时空动态分析，并深入了解关中地区土地利用结构及时空变化规律和特征，可以为关中地区土地资源可持续利用提供依据，使土地利用结构趋于优化，促使社会经济和生态环境建设协调发展。

　　土地利用/覆盖变化研究中，遥感影像是主要信息来源之一，遥感（RS）和地理信息系统（GIS）等研究方法和技术的迅速发展为土地利用变化研究提供了方便、快捷的手段。本书的研究区范围面积达 5.5 万 km^2，依靠传统的土地利用调查手段，难以在短期内获取大范围的土地利用变化信息，而通过遥感和 GIS 的结合，可以为研究提供土地利用时空动态变化数据以及空间定位信息。

　　基于遥感和 GIS 相结合的土地利用/覆盖变化动态检测的常用方法可以分为三类：多时相光谱数据直接比较法、分类后结果比较法和混合法。

　　多时相光谱数据直接比较法是基于遥感影像的像元，逐像元比较光谱的变化信息，可以检测细微变化部分，并且能为变化部分提供较为准确的定位，但是要求具有多时相的影像数据，对影像质量要求也高，因为不同时相的大气状况、太阳高度角、土壤湿度、传感器波段等均会对影像光谱产生影响。光谱直接比较还需要有严格的光谱标准化，但目前还没有严密、统一的标准化技术，而且在土地利用/覆盖分类研究中不能直接提供变化的类型。

分类后结果比较法对各时相的遥感影像进行土地利用/覆盖分类，通过对各分类结果进行比较以检测变化信息，可以给出土地利用变化的定性（变化类别）、定量（变化数量）和定位（变化的空间位置）等信息，不受大气变化、季相变化等外界因素的影响，不仅适用于拥有历史时期影像的情况，也可用于研究初期仅有土地利用/覆盖的空间数据而另一时期拥有遥感影像的情况[47]，但对影像分类精度的要求比较高，因为不同时相分类结果的误差积累会对最终的判别精度产生影响，而对于变化检测来说，不发生变化的信息占主流[48]。

混合法是综合前述两种方法，利用两种方法的优势互补，进行土地利用变化信息的提取，通过光谱比较提取变化的地区，再对变化地区进行分类比较，提取变化数量和类型信息。

本书根据已有的数据质量、研究尺度和研究目的，采用分类后结果比较法对关中地区土地利用/覆盖变化信息进行提取。

3.1

遥感图像处理

3.1.1 数据源

关中地区土地利用变化研究的数据源包括两部分：遥感数据和非遥感数据。遥感数据采用的是美国陆地卫星（Landsat - 5、Landsat - 7）的 TM 影像，轨道号为 126 - 35、126 - 36、126 - 37、127 - 35、127 - 36、127 - 37、128 - 35、128 - 36、128 - 37，以 1985 年、2000 年和 2005 年 3 期遥感影像数据为主要信息源，空间分辨率为 30m，覆盖整个研究区域的影像共为 27 景。

遥感图像的处理和解译过程中，以非遥感数据作为辅助资料，可以提高解译效率和精度。研究收集的非遥感数据包括关中地区行政区划矢量数据、土壤类型图、数字高程模型（DEM）、地貌分区图、植被类型图、土地利用类型图和野外考察资料等（见表3－1）。

表3－1 非遥感数据

数据类型	时间段	比例尺	备注
行政区划图	2004 年	1：25 万	陕西省测绘局
土壤类型图	1987 年	1：250 万	《陕西土地资源》
数字高程模型（DEM）	—	1：5 万、1：25 万	来自美国 SRTM（http：//srtm.csi.cgiar.org/）
地貌分区图	1987 年	1：250 万	《陕西土地资源》
植被类型图	1990 年	1：100 万	中国科学院资源环境数据中心
土地利用图	20 世纪 90 年代初	1：250 万	《陕西土地资源》
	2000 年	1：10 万	中国科学院地球科学数据共享网
野外考察资料	2007 ~ 2009 年	—	GPS 定位、拍照、访谈

3.1.2 空间数据坐标系

为了建立包含多种类型的空间数据的数据库和进行精确的空间数据运算，需要对各种类型的空间数据建立统一的坐标并进行严格的配准。本书中所采用的坐标系统的椭球体为克拉索夫斯基（Krasovsky_ 1940）椭球体，另外，在研究的过程中还需要对面积进行量算，为了保证面积量算的精度，因此投影方式为双标准纬线等积割圆锥投影（Albers），采用全国统一的中央经线和双标准纬线，坐标系的具体参数如下：

投影与参数：标准双纬线等积割圆锥投影（Albers）；

假东：0；

假北：0；

中央经线：东经105°0′0″；

第一标准纬线：北纬25°0′0″；

第二标准纬线：北纬 47°0′0″；

初始纬线：0；

坐标单位：米；

椭球体：Krasovsky_1940。

根据此坐标系参数对研究中具有不同坐标的各种类型的空间数据进行投影转换以配准，并为数据的处理提供空间参考基础。

3.1.3　遥感图像预处理

遥感图像的处理主要基于 ERDAS IMAGINE 和 ArcGIS 软件平台，在对遥感影像进行解译的初级阶段，需要对遥感影像进行预处理。遥感影像的预处理过程包括图像波段合成、图像校正、图像的拼接和裁切等。

TM 影像为多波段影像，包括可见光和近红外等 7 个波段，通过对 7 个单波段进行波段合成生成多波段影像。

遥感影像的校正包括辐射校正和几何校正，研究中所使用的遥感影像经地面接收站辐射校正和几何粗校正后，还需对遥感影像进行几何精校正。通过几何精校正，可以消除图像的几何畸变，使同一区域不同时段的影像配准，并与其他空间数据配准。采用选取地面控制点的方法进行几何精校正，在校正的过程中所使用的地面控制点一般选取具有明显特征的地物，如道路交叉点、地面建筑物等，而对于没有明显特征地物作为控制点的丘陵沟壑区、河漫滩地区，可以选取山顶、河流转弯处的固定拐点或交叉处等作为控制点，每景影像需要分布均匀的 15 个控制点，最后利用二次多项式校正法对 3 个时相的影像进行校正，几何校正的误差控制在 1～1.5 个像元。

图像的拼接和裁切是将经过几何校正后具有同一坐标系的多幅影像拼接在一起，构成覆盖研究区范围的影像。覆盖关中地区的 TM 影像有 9 景，因此对影像进行拼接，并利用研究区边界生成的掩膜（Mask）进行裁切，以提取研究区的遥感图像（见图 3 - 1，附录）。

3.2

土地利用分类

3.2.1 土地利用分类体系

土地利用分类体系是根据人类土地利用行为的目的、方式，将一定时期的土地利用行为分为若干种类型，土地利用分类体系是建立土地利用数据库并进行土地利用变化研究的基础。国内外都建立了一套适合自己国情的土地利用分类体系，如美国地质调查局（USGS）土地分类体系、欧洲环境机构（EEA）1994 年制定的 CORINE 土地覆盖分类体系、联合国粮农组织（UNEP/FAO）的 LCCS（Land Cover Classification System）[49]，我国在 1984 年由全国农业区划委员会颁布了《土地利用现状调查技术规程》，依据土地的用途、经营特点、利用方式和覆盖特征等因素将全国土地分为耕地、园地、林地、牧草地、居民点及工矿用地、交通用地、水域和未利用地等 8 个一级地类，46 个二级地类；2007 年，我国发布了新《土地利用现状分类》，此分类体系采用一级、二级两个层次的分类体系，共分 12 个一级类、56 个二级类；20 世纪 70 年代，中国科学院根据我国土地利用的特点和现状，将我国土地利用分为 10 个一级类型，42 个二级类型和 35 个三级类型，编制了中国 1：100 万土地利用图，并以此为基础，于 2000 年完成了 1：10 万国家基本资源与环境本底与动态遥感调查数据库[50]，这一数据库将我国土地利用/土地覆盖划分为 6 个一级类型和 25 个二级型。在本书中，参照中国科学院资源环境数据库土地利用分类体系，并考虑到关中地区土地利用特征，其中包括大荔沙丘，黄河和渭河滩地等特殊土地利用类型，将关中地区土地利用分为建设用地、耕地、林地、草地、沙地、滩地、水域和未利用地等 8 种土地利用/土地覆盖类型（见表 3 - 2）。

表3-2　　　　　　　　　　关中地区土地利用分类系统

土地类型	含义
耕地	指种植农作物的土地，包括水田、旱地和水浇地
林地	包括天然林地、人工林地、灌木林以及果园
草地	指以生长草本植物为主，覆盖度在5%以上的各类草地，包括以牧为主的灌丛草地和郁闭度在10%以下的疏林草地，包括天然草地、人工草地和牧草地等
建设用地	指城乡居民点及县镇以外的工矿、交通等用地，包括城镇建设用地、农村居民点和工矿交通等其他建设用地
水域	指天然陆地水域，包括河流湖泊、水库坑塘等
滩地	指河、湖水域平水期水位与洪水期水位之间的土地
沙地	指地表为沙覆盖，植被覆盖度在5%以下的土地，包括沙漠，不包括水系中的沙滩
未利用地	目前还未利用的土地、包括难利用的土地，包括盐碱地、裸地和沼泽地等

3.2.2　土地利用解译标志

解译标志是遥感图像上能直接反映和判别地物或现象的影像特征[51]。解译标志的建立是土地利用解译的前提条件，也是目视解译和建立监督分类模板的重要步骤，遥感影像的直接解译标志主要包括：纹理、颜色、形状、大小、位置、布局、图案、阴影。

基于遥感图像的综合判读，根据土地利用分类体系中的类型定义，结合研究区的自然条件、地类特征，参考辅助资料和野外考察 GPS 定位，整理出不同地类的影像解译标志（见表3-3）。

表3-3　　　　　　　　　关中地区土地利用类型解译标志

地类		TM5、4、3假彩色合成图像	
耕地	水浇地	浅绿、深绿，条带状，分布河谷平原，台塬及居民点附近	
	旱地	鲜红、紫红色斑块，色调不均匀，形状不规则	

续表

地类		TM5、4、3 假彩色合成图像
林地		深绿，色调均匀，形状不规则
草地		棕黄色、棕红、黄红，内部色调不均，边界不明显，分布于山地，平原和山地的交界地带
建设用地	城镇建设用地	青灰、灰黑色，轮廓明显，形状规则，有交通线路
	农村居民点	紫红夹青灰色，内部色调不均，形状不规则的斑块
水域	河流	深蓝，宽窄不一，带状弯曲
	湖泊水库	从蓝色到深黑色，边界清晰，形状不规则
滩地		粉红色，与河流、湖泊相邻
沙地		粉色、粉红色，内部色调不均匀，有褐色斑点
未利用地	盐碱地	浅粉色中带白斑，内部色调均匀，边界不明显，形状不规则
	裸土地	浅粉色、灰白色，色调均匀，边界不明显，形状不规则
	沼泽地	灰绿色，墨绿色，多与河流、湖泊等水体相邻

3.2.3　遥感图像分类过程

遥感图像的分类是利用遥感技术获取土地利用/覆盖信息的重要环节，是将图像中每个像元根据其在不同波段的光谱亮度、空间结构特征或者其他信息，按照某种规则或算法划分为不同的类别[52]。遥感图像分类的过程非常复杂，为了提高分类精度，许多研究中都探索了大量的遥感图像分类方法，大致可以归纳为三类：基于密度分布函数的统计学分类、基于知识的专家系统分类和基于智能计算的神经网络分类。其中统计学分类也包括监督分类和非监督分类等两种主要方法。

在遥感图像的分类过程中，通常采用目视解译分类和计算机自动分类相结合的方法，目视解译分类结果相对较为准确，但解译的过程费时、费力，利用监督分类、非监督分类等计算机自动分类的方法方便快捷，但是解译精度较低，本书通过结合两者的优点，对影像进行解译以获取关中地区土地利用/覆盖的信息。在图像分类的过程中，首先对图像预处理后的影像进行非监督分类，非监督分类的结果包括正确的分类信息和混分信息，为了提高分类速度和精度，同时避免大量重复性运算，可以采取分层提取的方法，应用掩膜处理已经分好类的数据，针对混分信息，根据不同地类的解译标志和参照非遥感数据建立分类模板，并对解译结果进行正确性验证[53]。其分类流程如图 3 - 2 所示。

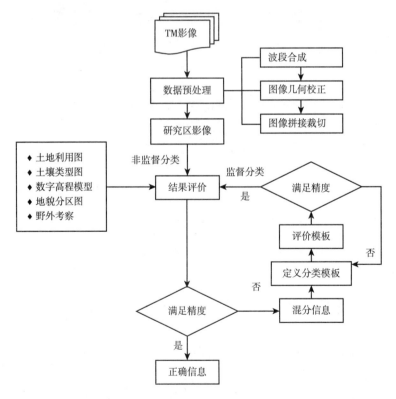

图 3 - 2　遥感图像的处理和分类流程

3.2.4　分类结果精度评价

对关中地区 3 期遥感影像进行解译并获取结果后，还需要对分类结果进行精度评价，以了解分类结果是否与实际情况相吻合和满足研究的需要。ER-DAS 系统提供了多种分类评价方法，包括分类叠加、定义阈值、精度评估。在对分类结果进行评价的过程中，经常采用几种方法相结合，如通过将分类结果图与原始图像相叠加，并改变分类图的透明度和颜色属性等进行目视比较，定性地评价分类结果的准确度。本书中分类精度评估则是通过随机抽样的方法，将分类数据与原始图像、其他参考数据等真实值进行对比，定量地评价分类结果的精度（见表 3 - 4）。

表 3 - 4　　　　　　　　　关中地区遥感影像分类精度评价

	评价报告		
总分类精度	1985 年	2000 年	2005 年
	84.52%	91.53%	87.68%
总 Kappa 统计	0.8381	0.9023	0.8664

3.3

分类后处理及制图

遥感图像解译分类后会产生数量庞大的细碎斑块，对分类后的数据分析和专题制图都会不利，因此根据专题制图和数据精度要求，通过分类后处理把细小的斑块归并到相邻较大的同类型斑块中。遥感影像分类后处理包括聚类统计（Clump）、过滤分析（Sieve）、去除分析（Eliminate），ERDAS IMAGINE 中的 GIS 分析命令 Clump、Sieve、Eliminate 等功能可以完成细小斑块的处理。土地利用专题图中的最小斑块面积的确定与影像分辨率、制图需要、土地利用类型特点有关。TM 影像的空间分辨率为 30m，为了达到既要去除细碎斑块的目的，又不使总面积小、斑块分布更为细碎的特殊地类在影像的分类后处理中被去除掉，确定 1 个像元为过滤分析和去除分析中的最小斑块的面积。

遥感图像分类后处理将生成土地利用分类栅格图，为了利用矢量数据的空间分析优势，使用数据格式转换工具将分类后的栅格数据转为矢量数据。在分类过程中为了能提高精度，一种土地利用类型被分成了多个类型，通过 ArcGIS 的属性表运算，改变属性进行类型合并。最后，建立土地利用数据库，并在 Arcmap 制图软件支持下形成土地利用解译图（见图 3 -3、图 3 -4、图 3 -5，附录）。

3.4
土地利用变化分析

区域土地利用变化包括各种土地利用类型的数量变化和空间位置转换两个方面。对区域土地利用变化的数量、结构和景观特性等方面进行分析，有助于从总体上把握区域土地利用动态演变的趋势和特点。

3.4.1　土地利用数量变化

根据关中地区土地利用解译的结果，通过 ArcGIS 软件的查询统计功能对关中地区 1985 年、2000 年和 2005 年 3 个时期的土地利用类型面积进行分类汇总，统计结果如表 3 -5 所示。

表 3 -5　　　　　　　　关中地区土地利用类型解译数据

	1985 年		2000 年		2005 年	
	面积（km²）	比例（%）	面积（km²）	比例（%）	面积（km²）	比例（%）
建设用地	1285.895	2.325	2478.365	4.481	2677.001	4.840
未利用地	124.659	0.225	112.963	0.204	83.422	0.151
林地	12608.462	22.797	13145.226	23.767	12841.840	23.219
水域	670.908	1.213	633.935	1.146	702.530	1.270
耕地	26514.199	47.939	25336.569	45.810	24953.420	45.117
草地	14103.733	25.500	13600.802	24.591	14049.647	25.403
总计	55307.860	100.000	55307.860	100.000	55307.860	100.000

由土地分类汇总和图 3 -6 可知，在研究时段内（1985 ~ 2005 年），关中地区土地利用结构总体变化趋势较为明显，主要呈现出建设用地扩张，耕地面

积减少的趋势，相应的林地和草地总面积有所增加，未利用地和水域基本保持平衡的动态变化特征。

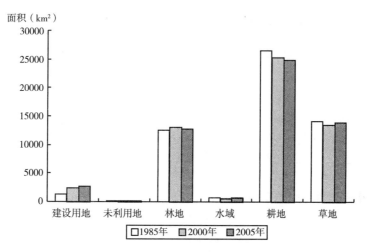

图 3 - 6 关中地区土地利用面积变化比较

3.4.1.1 土地利用总体结构

在关中地区土地利用结构中，耕地为主要的土地利用类型，其次为林地和草地，林地、耕地和草地占绝大部分比例。1985 年，三者的结构比为 1：2.13：1.12，至 2005 年，三者的结构比调整为 1：1.94：1.09。在此期间，建设用地面积呈增长的趋势，而未利用地和水域在总的土地利用结构中所占比例较小，变化的幅度也相对较小。

3.4.1.2 各种地类面积的增减

耕地面积总体呈持续减少趋势，从 1985 年的 26514.199km² 减少到 2005 年的 24953.42km²，减少数量达 1560.779km²，占研究初期的耕地面积的 5.89%；随着人口数量的持续增长和国民经济的快速发展，建设用地面积逐年扩大，增加了 1391.106km²；林地面积先增加、后减少，呈波浪式的变化，但在整个研究时段内增加了 233.378km²，占研究初期的林地面积的 1.85%，林地面积的增长主要为渭北地区的退耕还林还草，另外，根据地面资料统计，关中平原地区在农业产业结构调整，一部分耕地转化为园地；草地面积则与林地的变化轨迹相反，先减少，后增长，总体减少了 54.086km²；未利用地面积减少了 41.237km²；水域面积增加了 31.622km²（见表3 - 6）。

表3 - 6　　　　　1985～2005 年关中地区各种土地利用类型的数量变化　　　　单位：km²

	1985 年	2000 年	2005 年	1985 - 2000 年	2000 - 2005 年	1985 - 2005 年
建设用地	1285.895	2478.365	2677.001	1192.470	198.636	1391.106
未利用地	124.659	112.963	83.422	- 11.696	- 29.541	- 41.237
林地	12608.462	13145.226	12841.84	536.764	- 303.386	233.378
水域	670.908	633.935	702.53	- 36.973	68.595	31.622
耕地	26514.199	25336.569	24953.42	- 1177.630	- 383.149	- 1560.779
草地	14103.733	13600.802	14049.647	- 502.931	448.845	- 54.086

从各种土地利用类型的变化情况看，关中地区土地利用的总体结构趋于合理，随着退耕还林还草等生态工程的实施，水土流失严重的渭北黄土高原生态脆弱区的林、草面积加大，水土流失严重区域在一定程度上得到了遏制，生态环境总体趋于良好，但是，由于关中平原地区建设用地的不断扩张，大量优质耕地被侵占，以及在经济利益的驱使下，一部分耕地改为经济林和园地，导致耕地面积连续减少。

3.4.2　土地利用空间变化

区域土地利用变化除数量上的变化外，在空间上也会发生相应的变化，在一个时段内，如果一种土地利用类型的部分面积转移到其他土地利用类型，则为转移部分，而其他土地类型转为此种土地类型，则为新增部分，其中不变的部分包括研究初期和研究末期没有发生变化的土地利用类型，还包括在研究时段内先转到其他类型，但是最终又转为原来土地利用类型的部分（见图3 - 7）。对土地利用空间变化进行分析可以更加深入了解区域土地利用动态变化的实际情况，如许多研究对耕地资源"占补平衡"政策存在着争议[54]，根据此政策，耕地资源在数量上得到了保证，但在操作过程中更多的是无法保证耕地的质量，实际上，耕地的总量动态平衡涵盖了数量平衡和质量平衡的要求，其中就包括空间和动态的概念[55]，从空间上分析耕地的动态变化，也是监测耕地质量变化的重要手段。在对区域土地利用变化的定量分析和研究中，一些专家和学者提出了动态度、相对变化率、邻接度、转移矩阵、重心模型等指数和模型，本书根据指数和模型的适用性和研究区土地利用变化的实际情况，采用转移矩阵、多度和重要度等指数模型对关中地区的土地利用时空动态进行分析和研究。

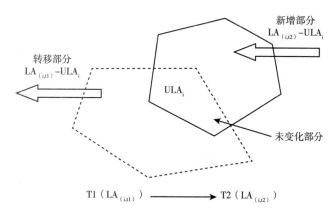

图 3 - 7　土地利用动态变化的空间含义[56]

3.4.2.1　土地利用转移矩阵

GIS 为土地利用空间变化研究提供了技术支持，运用 GIS 的空间分析功能对研究时段的任意两个时相的解译数据进行叠加分析和空间统计分析，能直观地成图表达并定量解释土地利用空间变化的过程，在对土地利用空间变化研究中，其定量测算模型通常采用土地利用转移矩阵，模型的表达式为：

$$S_{ij} \begin{bmatrix} S_{11} & S_{12} & \cdots & S_{1n} \\ S_{21} & S_{22} & \cdots & S_{2n} \\ \cdots & \cdots & \cdots & \cdots \\ S_{n1} & S_{n2} & S_{n3} & S_{nn} \end{bmatrix} \qquad (3-1)$$

其中，S_{ij} 为 k 时期第 i 种土地利用类型转化为（k + 1）时期第 j 种土地利用类型的面积，n 为研究区域土地利用类型总数。转移矩阵的意义在于不仅可以反映研究初、末期的土地利用类型结构，还可以反映研究时段内各土地利用类型的转变变化情况[57]。

基于 ArcGIS 软件对 3 个时相的土地利用分类图进行叠加运算（Intersect），然后对属性表进行查询统计，可以计算出两个时段内的土地利用类型转移矩阵（见表 3 - 7、表 3 - 8），并生成关中地区 1985 ~ 2005 年土地利用变化的空间分布图（见附图 3 - 8）。

表3-7　　　　　　　　　　1985～2000年关中地区土地利用转移矩阵

单位：km²

	建设用地	未利用地	林地	水域	沙地	滩地	耕地	草地	1985年总计
建设用地 A	1220.505	0.000	6.190	0.359	0.000	1.618	50.970	6.252	1285.895
B（%）	94.915	0.0000	0.481	0.028	0.000	0.126	3.964	0.486	
C（%）	49.246	0.000	0.047	0.090	0.000	0.690	0.201	0.046	
未利用地 A	0.167	52.892	0.564	7.752	0.000	0.000	3.574	3.251	68.200
B（%）	0.245	77.554	0.827	11.366	0.000	0.000	5.241	4.767	
C（%）	0.007	88.310	0.004	1.940	0.000	0.000	0.014	0.024	
林地 A	28.906	0.335	12192.760	2.875	0.699	1.317	149.600	231.970	12608.462
B（%）	0.229	0.003	96.703	0.023	0.006	0.010	1.187	1.840	
C（%）	1.166	0.559	92.754	0.720	1.317	0.562	0.590	1.706	
水域 A	2.498	4.165	3.655	287.584	0.000	54.860	29.960	12.244	394.966
B（%）	0.632	1.054	0.925	72.812	0.000	13.890	7.585	3.100	
C（%）	0.101	6.954	0.028	71.989	0.000	23.399	0.118	0.090	
沙地 A	1.050	0.000	39.802	0.000	50.434	0.000	0.399	0.833	92.518
B（%）	1.135	0.000	43.021	0.000	54.512	0.000	0.432	0.900	
C（%）	0.042	0.000	0.303	0.000	95.033	0.000	0.002	0.006	
滩地 A	0.761	0.000	2.157	44.050	0.000	152.076	26.872	13.967	239.884
B（%）	0.317	0.000	0.899	18.363	0.000	63.396	11.202	5.822	
C（%）	0.031	0.000	0.016	11.027	0.000	64.864	0.106	0.103	

续表

	建设用地	未利用地	林地	水域	沙地	滩地	耕地	草地	1985 年总计
耕地 A	1180.640	0.495	341.457	37.864	0.000	13.858	24498.755	441.130	26514.199
B (%)	4.453	0.002	1.288	0.143	0.000	0.052	92.399	1.664	
C (%)	47.638	0.826	2.598	9.478	0.000	5.911	96.693	3.243	
草地 A	43.838	2.007	558.641	18.998	1.937	10.723	576.433	12891.155	14103.733
B (%)	0.311	0.014	3.961	0.135	0.014	0.076	4.087	91.402	
C (%)	1.769	3.351	4.250	4.756	3.650	4.574	2.275	94.782	
2000 年总计	2478.366	59.893	13145.226	399.482	53.070	234.453	25336.569	13600.802	55307.856

表3-8　　2000~2005年关中地区土地利用转移矩阵

单位: km²

	建设用地	未利用地	林地	水域	沙地	滩地	耕地	草地	2000年总计
建设用地 A	2460.666	0.267	0.000	4.153	0.000	0.081	9.765	3.434	2478.365
B (%)	99.286	0.011	0.000	0.168	0.000	0.003	0.394	0.139	
C (%)	91.919	0.906	0.000	0.863	0.000	0.036	0.039	0.024	
未利用地 A	0.000	29.076	0.335	19.694	0.000	0.000	9.948	0.841	59.893
B (%)	0.000	48.546	0.559	32.882	0.000	0.000	16.610	1.403	
C (%)	0.000	98.712	0.003	4.093	0.000	0.000	0.040	0.006	
林地 A	14.987	0.039	12282.675	7.813	7.360	2.808	280.138	549.405	13145.224
B (%)	0.114	0.000	93.438	0.059	0.056	0.021	2.131	4.180	
C (%)	0.560	0.131	95.646	1.624	13.637	1.269	1.123	3.910	
水域 A	0.511	0.074	2.549	334.678	0.000	19.574	31.818	10.277	399.482
B (%)	0.128	0.019	0.638	83.778	0.000	4.900	7.965	2.573	
C (%)	0.019	0.251	0.020	69.551	0.000	8.844	0.128	0.073	
沙地 A	0.000	0.000	3.664	0.000	45.996	0.000	0.390	3.019	53.070
B (%)	0.000	0.000	6.903	0.000	86.672	0.000	0.736	5.689	
C (%)	0.000	0.000	0.029	0.000	85.231	0.000	0.002	0.021	
滩地 A	2.118	0.000	0.195	59.436	0.000	156.894	13.977	1.833	234.453
B (%)	0.903	0.000	0.083	25.351	0.000	66.919	5.962	0.782	
C (%)	0.079	0.000	0.002	12.352	0.000	70.885	0.056	0.013	

续表

	建设用地	未利用地	林地	水域	沙地	滩地	耕地	草地	2000 年总计
耕地 A	186.286	0.000	333.678	36.447	0.000	32.198	24162.062	585.899	25336.569
B（%）	0.735	0.000	1.317	0.144	0.000	0.127	95.364	2.312	
C（%）	6.959	0.000	2.598	7.574	0.000	14.547	96.829	4.170	
草地 A	12.433	0.000	218.744	18.977	0.611	9.780	445.323	12894.934	13600.802
B（%）	0.091	0.000	1.608	0.140	0.004	0.072	3.274	94.810	
C（%）	0.464	0.000	1.703	3.944	1.132	4.418	1.785	91.781	
2005 年总计	2677.001	29.455	12841.838	481.199	53.967	221.335	24953.422	14049.647	55307.856

注：表中行表示 k 时期的 i 种土地利用类型，列表示 k+1 时期第 j 种土地利用类型的面积；A 是原始土地利用变化转移矩阵，A_{ij} 表示由 k 时期第 i 种土地利用类型转变为 k+1 时期 j 种土地利用类型的面积。转移率 $B_{ij} = A_{ij} \times 100 / \sum_{j=1}^{8} A_{ij}$，表示 k+1 时期的第 j 种土地利用类型中由 k 时期第 i 种土地利用类型转化而来的比例；贡献率 $C_{ij} = A_{ij} \times 100 / \sum_{j=1}^{8} A_{ij}$，表示 k+1 时期的第 j 种土地利用类型中由 k 时期第 i 种土地利用类型转化而来的比例。行、列合计分别表示 k 时期和 k+1 时期各种土地利用类型的面积。

47

根据土地利用转移矩阵，分析两个时段内关中地区各种土地利用的转化情况：

（1）耕地的变化。

耕地主要分布在渭河河谷平原和黄土高原台塬地区，1985～2000年，耕地主要转向建设用地，其次为林地和草地，其中转向建设用地的转移率为4.45%，转向草地和林地的转移率分别为1.66%和1.29%。在2000年耕地中，草地的贡献率最大，为2.28%，其次为林地，为0.59%；2000～2005年，耕地主要转向草地，其次为林地和建设用地，其中转向草地的转移率为2.31%，转向林地和建设用地的转移率分别为1.32%和0.74%，在2005年耕地中，以草地和林地的贡献率最大，其中草地的贡献率为1.78%，林地的贡献率为1.12%。

（2）林地的变化。

林地是研究区内主要土地利用类型之一，林地主要集中分布在秦岭山地区，与草地和耕地等土地利用类型之间的变化较为频繁：1985～2000年，林地主要转向草地，其次为耕地，转向草地的转移率为1.84%，转向耕地的转移率为1.19%。在2000年林地中，以草地和耕地的贡献率最大，分别为4.25%和2.60%，另外，位于大荔沙丘的一部分沙地在此期间也转为了林地，其贡献率为0.3%；2000～2005年，林地的转出对象仍然是草地和耕地，转向草地的转移率为4.18%，转向耕地的转移率为2.13%。在2005年的林地中，其他土地利用类型贡献率较多的为耕地和草地，其中耕地的贡献率为2.59%，草地的贡献率为1.7%。

（3）草地的变化。

1985～2000年，草地主要转向耕地和林地，转向耕地的转移率为4.09%，转向林地的转移率为3.96%。在2000年草地中，以耕地和林地的贡献率最大，其中耕地的贡献率为3.24%，林地的贡献率为1.70%；2000～2005年，草地的主要转向为耕地和林地，转向耕地的转移率为3.27%，转向林地的转移率为1.61%。在2005年的草地中，其他土地利用类型的贡献率以耕地和草地为最大，两者的贡献率分别为4.17%和3.91%。

（4）建设用地变化。

1985～2000年，建设用地的主要转向为耕地，其次为草地和林地，转向耕地的转移率为3.96%，转向草地的转移率为0.49%，转向林地的转移率为

0.48%。在 2000 年建设用地中，其他土地利用类型转化为建设用地的面积中，以耕地居多，其次为草地和林地，其中耕地的贡献率为 47.64%，草地的贡献率为 1.77%，林地的贡献率为 1.17%；2000～2005 年，建设用地主要转向耕地、水域和草地，转向耕地的转移率为 0.39%，转向水域的转移率为 0.17%，转向草地的转移率为 0.14%。在 2005 年建设用地中，其他土地利用类型的贡献率以耕地居多，其次为林地和草地，其中耕地的贡献率为 6.96%，林地和草地的贡献率分别为 0.56% 和 0.46%。在整个研究时段内，建设用地的转入数量要大于转出数量，总面积呈增加的趋势。

（5）水域变化。

1985～2000 年，水域的转出主要为滩地，其次为耕地和草地，转向滩地的转移率为 13.89%，转向耕地和草地的转移率分别为 7.59% 和 3.1%。在 2000 年水域中，以滩地、耕地和草地的转入较大，其中滩地的贡献率为 11.03%，耕地和草地的贡献率分别为 9.48% 和 4.76%。2000～2005 年，水域的转出主要为耕地，其次为滩地和草地，转向耕地的转移率为 7.96%，转向滩地和草地的转移率分别为 4.90% 和 2.57%。在 2005 年水域中，主要由滩地、耕地和未利用地转移而来，其贡献率分别为 12.35%、7.57% 和 4.09%。水域变成滩地和草地，主要是由于河湖面积萎缩而导致。

（6）沙地变化。

1985～2000 年，沙地的主要转向林地和建设用地，转向林地的转移率为 0.3%，转向建设用地的转移率为 0.04%。在 2000 年的沙地中，主要由草地转移而来，其贡献率为 3.65%，其次为林地，为 1.32%；2000～2005 年，沙地主要转向林地和草地，转移率分别为 6.9% 和 5.69%。在 2005 年的沙地中，转入面积主要来自林地和草地，林地的贡献率为 13.64%，草地的贡献率为 1.13%。

（7）滩地变化。

1985～2000 年，滩地的主要转向为水域、耕地和草地，转出的面积为 84.89km²，其中转向水域的转移率为 18.36%，转向耕地的转移率为 11.2%，转向草地的转移率为 5.82%。在 2000 年滩地中，以水域和耕地的转入为主，两者转化为滩地的转移率分别为 23.40% 和 5.91%；2000～2005 年，滩地主要转向水域，其转移率为 11.03%。在 2005 年的滩地中，以水域转入居多，水域的贡献率为 23.40%。

（8）未利用地变化。

1985～2000 年，未利用地的转出主要为水域，其次为耕地和草地，其中转为水域的转移率为 11.37%，转为耕地和草地的转移率分别为 5.24% 和 4.77%。在 2000 年的未利用地中，其他土地利用类型转化为未利用地的面积中，以水域和草地为主，两者的贡献率分别为 6.95% 和 3.35%；2000～2005 年，未利用地的转出主要为水域，其转移率为 4.09%。在 2005 年的未利用地中，其他土地利用类型转为未利用地面积中，以建设用地居多，其贡献率为 0.91%。

3.4.2.2　土地利用变化类型的多度与重要度指数

为了从总体上把握各种变化类型在整个研究区土地变化中发生的频率和重要性程度，揭示区域土地利用变化的主导类型和主要方向，可采用土地利用变化类型的多度和重要度指数进行定量分析[58]。对于各种变化类型空间分布频次的描述，可以采用土地利用变化类型的多度指数计算：

$$D = \frac{N_i}{N} \times 100\% \qquad (3-2)$$

其中，D 为某种土地利用变化类型的多度；N_i 为此种变化类型的斑块数；N 为这个区域区全部变化类型的斑块总数。多度的实际意义是区域土地利用变化过程中特定变化类型斑块数占变化斑块总数的比率，比率越大，则此变化类型的空间分布上越广泛，这属于一种常见类型；反之，比率越小，空间分布越稀少，偶发性则越强[59]。

重要度指数可定量地表示各变化类型对区域土地利用变化的重要程度，揭示空间变化的主导类型，从而反映出区域土地利用变化的方向。重要度实质上是多度与面积比的综合表示，计算公式为：

$$IV = D + B \qquad (3-3)$$

其中，IV 为某种土地变化类型的重要度；B 为此变化类型的斑块总面积占所有变化斑块总面积的百分比。

根据 1985～2000 年、2000～2005 年各土地利用变化类型的空间分布图，在 ArcGIS 软件中，统计出各土地利用变化类型斑块的面积和数量。依据多度和重要度计算公式计算出关中地区 1985～2000 年、2000～2005 年各土地利用变化类型的多度与重要度指数（见表3-9）。

表 3 - 9　　　　关中地区土地利用变化的多度与重要度指数

1985~2000 年						2000~2005 年					
变化类型	变化斑块数	多度	变化面积	面积比例	重要度	变化类型	变化斑块数	多度	变化面积	面积比例	重要度
13	76	0.167	6.190	0.156	0.324	13	14	0.028	0.267	0.009	0.037
14	12	0.026	0.359	0.009	0.035	14	4	0.008	4.153	0.141	0.149
16	4	0.009	1.618	0.041	0.050	16	1	0.002	0.081	0.003	0.005
17	949	2.089	50.970	1.287	3.376	17	217	0.431	9.765	0.332	0.763
18	73	0.161	6.252	0.158	0.319	18	32	0.063	3.434	0.117	0.180
21	2	0.004	0.167	0.004	0.009	23	15	0.030	0.335	0.011	0.041
23	9	0.020	0.564	0.014	0.034	24	20	0.040	19.694	0.670	0.709
24	13	0.029	7.752	0.196	0.224	27	14	0.028	9.948	0.338	0.366
27	12	0.026	3.574	0.090	0.117	28	22	0.044	0.841	0.029	0.072
28	9	0.020	3.251	0.082	0.102	31	150	0.298	14.987	0.510	0.807
31	233	0.513	28.906	0.730	1.243	32	7	0.014	0.039	0.001	0.015
32	15	0.033	0.335	0.008	0.041	34	71	0.141	7.813	0.266	0.407
34	44	0.097	2.875	0.073	0.169	35	16	0.032	7.360	0.250	0.282
35	8	0.018	0.699	0.018	0.035	36	40	0.079	2.808	0.095	0.175
36	11	0.024	1.317	0.033	0.057	37	3310	6.567	280.138	9.526	16.093
37	2427	5.344	149.600	3.776	9.120	38	6098	12.099	549.405	18.682	30.780

续表

变化类型	1985~2000年					变化类型	2000~2005年				
	变化斑块数	多度	变化面积	面积比例	重要度		变化斑块数	多度	变化面积	面积比例	重要度
38	3522	7.754	231.970	5.855	13.610	41	20	0.040	0.511	0.017	0.057
41	14	0.031	2.498	0.063	0.094	42	1	0.002	0.074	0.003	0.004
42	5	0.011	4.165	0.105	0.116	43	48	0.095	2.549	0.087	0.182
43	49	0.108	3.655	0.092	0.200	46	54	0.107	19.574	0.666	0.773
46	129	0.284	54.860	1.385	1.669	47	300	0.595	31.818	1.082	1.677
47	126	0.277	29.960	0.756	1.034	48	154	0.306	10.277	0.349	0.655
48	99	0.218	12.244	0.309	0.527	53	9	0.018	3.664	0.125	0.142
51	11	0.024	1.050	0.027	0.051	57	4	0.008	0.390	0.013	0.021
53	17	0.037	39.802	1.005	1.042	58	6	0.012	3.019	0.103	0.115
57	6	0.013	0.399	0.010	0.023	61	8	0.016	2.118	0.072	0.088
58	10	0.022	0.833	0.021	0.043	63	14	0.028	0.195	0.007	0.034
61	8	0.018	0.761	0.019	0.037	64	146	0.290	59.436	2.021	2.311
63	32	0.070	2.157	0.054	0.125	67	117	0.232	13.977	0.475	0.707
64	59	0.130	44.050	1.112	1.242	68	36	0.071	1.833	0.062	0.134
67	116	0.255	26.872	0.678	0.934	71	1656	3.286	186.286	6.334	9.620
68	38	0.084	13.967	0.353	0.436	73	20737	41.143	333.678	11.346	52.489

续表

变化类型	1985~2000 年					2000~2005 年				
	变化斑块数	多度	变化面积	面积比例	重要度	变化斑块数	多度	变化面积	面积比例	重要度
71	14619	32.187	1180.640	29.801	61.988					
72	11	0.024	0.495	0.012	0.037					
73	3421	7.532	341.457	8.619	16.151					
74	331	0.729	37.864	0.956	1.685	139	0.276	36.447	1.239	1.515
76	142	0.313	13.858	0.350	0.662	118	0.234	32.198	1.095	1.329
78	4304	9.476	441.130	11.135	20.611	7571	15.021	585.899	19.923	34.944
81	543	1.196	43.838	1.107	2.302	130	0.258	12.433	0.423	0.681
82	23	0.051	2.007	0.051	0.101					
83	6088	13.404	558.641	14.101	27.505	4679	9.283	218.744	7.438	16.721
84	180	0.396	18.998	0.480	0.876	118	0.234	18.977	0.645	0.879
85	8	0.018	1.937	0.049	0.067	9	0.018	0.611	0.021	0.039
86	56	0.123	10.723	0.271	0.394	51	0.101	9.780	0.333	0.434
87	7555	16.634	576.433	14.550	31.184	4246	8.424	445.323	15.143	23.567

由计算结果可知，1985～2000年，多度和重要度指数较大的几种土地利用变化类型：耕地转变为建设用地、草地转变为耕地、草地转变为林地和耕地转变为草地，其重要度指数分别为61.98%、31.18%、27.5%和20.61%。根据多度和重要度指数的含义，表明这几种土地利用转变类型分布广泛，并且是这一时期土地利用的重要变化方向。2000～2005年，多度和重要度指数较大的几种土地利用变化类型：耕地转变为林地、耕地转变为草地、林地转变为草地和草地转变为林地，其重要度指数分别为52.49%、34.94%、30.78%和16.72%。因此，在此时期这几种土地利用转变类型分布广泛，并且是土地利用的重要变化方向，另外，在此期间，草地转变为耕地的多度为8.42%，但是其重要度指数为23.57%，表明这种土地利用转变类型集中在局部地区，但是也是这一时期的重要变化方向。

1985～2000年，耕地转变为建设用地主要发生在关中平原地区，一是此区域是陕西省人口最为集中的地区，也是以耕地为主体类型并分布集中的地区，随着人口数量的急剧增长和社会经济的快速发展，城镇建设用地不断扩张；二是农村居民点数目的增多及面积的扩张，农村居民点分布广泛，因此耕地向建设用地转变的区域也分布广泛，特别是关中地区"空心村"现象比较严重[60]，可以反映出农村居民点所呈现的扩张情况。2000～2005年，耕地转变为林地主要发生在渭北黄土高原丘陵沟壑区和旱塬区，还有秦岭北坡的华县、蓝田县和眉县，其发生转变的区域分布较为零散，自实行退耕还林还草以来，此区域有部分坡耕地被转化为林地和草地。而关中平原区分布的斑块较大、空间分布较为松散的耕地转变为林地的土地利用转变类型则为农业产业结构调整（主要是耕地转变为果园地）的结果。

3.4.3　土地利用类型的平均坡度变化

地形对土地利用具有重要的影响，为了分析不同坡度的土地利用变化情况，采用坡度分布图对不同年份的土地利用数据进行统计，计算出了不同年份各种土地类型的平均坡度情况，通过对计算结果进行对比，可以分析出不同类型土地的平均坡度变化。土地利用类型的平均坡度采用的是土地利用矢量图，以土地类型作为统计单元，利用 ArcGIS 的 Zonal Statistical 功能对坡度的栅格数据进行统计，最后得出了各种土地类型的平均坡度（见表3-10）。

表 3 - 10 　　　　　　　　　土地利用类型的平均坡度及变化 　　　　　　　　单位：度

	1985	2000	2005	1985 ~ 2000	2000 ~ 2005
草地	11. 79	11. 78	11. 88	- 0. 02	0. 10
林地	16. 67	16. 22	16. 49	- 0. 45	0. 27
耕地	2. 79	2. 99	2. 82	0. 21	- 0. 17
水域	1. 00	1. 13	1. 01	0. 13	- 0. 12
滩地	1. 02	1. 03	1. 09	0. 01	0. 06
建设用地	0. 99	1. 20	1. 16	0. 21	- 0. 04
未利用地	8. 06	9. 51	18. 28	1. 46	8. 77
沙地	0. 33	0. 32	0. 30	- 0. 01	- 0. 02

　　根据所计算的结果可以看出，各种土地类型的平均坡度以沙地和滩地为最小，两者都分布在地势平坦的地方，并且分布的范围小而集中，建设用地的平均坡度也相对较小，主要是因为建设用地也大部分分布在地势平坦的地区。由于耕地对地形的要求，关中地区的耕地大部分分布在平原地区，除此之外，还包括一小部分坡耕地，因此这种土地类型的平均坡度较低，由于被建设用地和其他类型土地所占用，位于坡度较小的平原地区的耕地相对减少，因此其平均坡度也呈现略微增加的趋势。草地和林地的平均坡度是最高的，随着林地面积的增加，林地的平均坡度从 1985 年的 16. 67°降低到 2005 年的 16. 49°，未利用地主要分布在坡度较陡，对于耕地、建设用地难以利用的地区，因此其平均坡度较高，由于其面积较小，受外界的干扰变化较大，范围变化较为频繁，因此其坡度变化也较大（见图 3 - 9）。

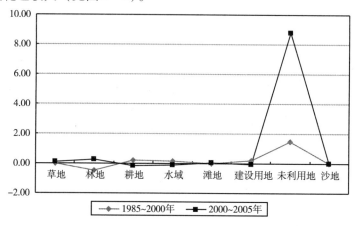

图 3 - 9 　关中地区各种土地利用类型的平均坡度变化

3.5

土地利用景观格局变化分析

景观生态学以空间异质性和生态整体性理论作为基础，具有强大的空间格局分析和评价功能，是实施土地利用规划和可持续土地利用的重要理论基础[63]，可以为土地的合理开发利用提供科学依据，因此，在对土地利用格局分析的过程中，也常采用景观生态学的相关理论与方法。运用景观格局空间分析方法独特的模拟和显示功能，能够清楚地表达出土地利用的主导功能及其环境的异质性，从而可以从格局层面上分析土地利用的最适用途，为土地的合理利用提供参考。

景观空间格局指的是大小和形状不一的景观斑块在空间上的排列，是景观异质性的重要表现，也是各种生态过程在不同尺度上作用的结果[61]。在景观生态学中，地球表层或者特定区域都是由各类景观单元组成的空间镶嵌体，在土地利用景观格局研究中，常把一定级别的土地覆盖类型表述为景观中的镶嵌体类型，因此，在一定程度上可以把景观生态学中空间镶嵌体理解为土地利用/覆盖类型，景观空间格局也可以被认为土地利用/覆盖空间格局[62]，土地利用/覆盖变化也是影响景观结构、功能和动态的主导因素之一。

3.5.1 景观格局指数的选取

对景观格局的分析和描述主要是通过各种指数进行的，利用景观指数描述景观格局具有使数据获得一定统计性质和比较、分析不同尺度上的格局等优点[64]。目前已有许多研究提出了各种指数以解释景观格局及其动态演变过程，为景观格局的研究提供了较大方便，但是在运用景观指数对区域景观格局及其变化进行分析的过程中，还存在着适用性问题，归纳起来需要注意的几点：

（1）出现于各类文献中的景观指数多达上百种，都是在研究过程中根据其研究区域特点，为了满足研究需要和目的建立的，但是其中许多景观指数之间具有高度的相关性[65]，因此应该选取具有代表性的、符合实际情况的指数。

（2）数目繁杂的、基于数理统计和拓扑计算公式建立起来的景观指数并不能完全揭示景观格局的真实的内在结构和特点、空间形态和功能特征[66]，还需要对一些景观指数进行修正，以尽可能对真实的景观格局进行分析。

（3）尺度对景观指数计算结果的影响。尺度的影响包括数据源的分辨率和研究区范围两个方面：一是根据不同分辨率的遥感影像解译所得的土地利用图计算出的景观指数，其结果存在较大的差异性，如道路、河流等线性廊道对尺度的敏感性[67]，在对区域景观格局动态分析的过程中，应当采用分辨率相接近或者一致的不同时期的遥感影像进行解译；二是针对不同尺度的研究区域选择合适的指数。

（4）在土地利用景观格局研究中，土地利用/覆盖类型被视为景观格局中的镶嵌体进行分析，但是大部分景观指数都是基于斑块的面积、周长、数量构建的，在区域土地利用变化中，没有廊道和基质的概念，全区都被斑块所覆盖，这些都会影响一些景观指数所包含的意义，并且大多数景观指数只是具有生态意义，而应用到土地利用变化中的意义则不明显[68]。

因此，在实际应用中，应根据各个景观指数的特点以及研究目的、研究内容，选择合适的景观指数，以期减少指数研究的局限性和对研究对象进行最科学的定量描述。本书选取了类型景观层次的斑块密度、平均斑块分维度指数、聚合度指数、最大斑块指数、景观分割度指数和景观层次的景观多样性指数、蔓延度指数、散布与并列指数、最大斑块指数、景观形状指数和平均分维数，对关中地区的景观格局进行分析，其计算模型和表达的意义来自 Fragstats 使用手册以及相关文献[69]。

3.5.2　景观格局指数模型

3.5.2.1　斑块密度指数（PD）

$$PD = \frac{N}{A} \tag{3-4}$$

其中，PD 为斑块密度，N 为斑块数量，A 为总面积。

斑块密度是景观格局中较为基础的一个指数，可以用来比较不同尺度的景观。其意义为单位面积的斑块数，表示景观的破碎化程度，斑块密度越大，景观的破碎化程度越高。

3.5.2.2 平均斑块分维度（MPFD）

$$MPFD = \frac{\sum\limits_{j=1}^{n} \dfrac{2\ln(0.25p_{ij})}{\ln a_{ij}}}{n} \qquad (3-5)$$

其中，MPFD 为平均斑块分维度（$1 \leqslant MPFD \leqslant 2$），$p_{ij}$ 为斑块周长，a_{ij} 为斑块面积，n 为斑块数。

平均斑块分维度是反映景观格局总体特征的重要指标，在一定程度上反映了人类活动对景观格局的影响。受人类活动影响大的人为景观的边界比较有规则，形状趋于简单，其平均斑块分维度数值低，而受人类活动影响较小的自然景观，其斑块的形成处于自由发展状态，如滩地、沼泽地的边界较为复杂，其平均斑块分维度数值较高。

3.5.2.3 最大斑块指数（LPI）

$$LPI = \frac{\max(a_{ij})}{A} \times 100 \qquad (3-6)$$

式中，LPI 为最大斑块指数（$0 < LPI \leqslant 100$），a_{ij} 为第 i 类土地利用景观类型斑块 j 的面积。

最大斑块指数表示的意义是确定优势景观类型。LPI 值的变化可以反映人类活动和自然条件变迁等外来干扰对景观的影响，如林地的 LPI 变化较大，如集中连片的林地被河流分割成几片林地，则 LPI 值变小，如河流干涸，河谷与河床被林地所覆盖，那么被河流阻断的两块林地接连成片，则 LPI 值变大。

3.5.2.4 景观形状指数（LSI）

$$LSI = \frac{e_i}{\min e_i} \qquad (3-7)$$

其中，LSI 为景观形状指数（$LSI \geqslant 1$），e_i 为 i 类景观所有斑块的总周长，$\min e_i$ 为 i 类景观的最小斑块的周长。

LSI 表示的是景观类型的斑块边缘的发育程度，LSI 的值越高，表示景观形状越复杂。而在景观水平上，景观形状指数反映的是景观基底的破碎程度，LSI 的值越高，景观基底越破碎[70]。

3.5.2.5 景观多样性指数（SHDI）

$$SHDI = - \sum_{j=1}^{n} p_i \ln p_i \qquad (3-8)$$

其中，SHDI 为景观多样性指数，p_i 是土地利用景观类型 i 的出现概率，n 为景观类型数。

此指数表示的是景观类型的复杂程度，大小取决于景观类型的多少及在空间上的分布均匀程度。通常斑块类型越多，破碎化程度越高或者斑块在景观中趋向于均衡化分布，景观多样性指数的值也就越大。

3.5.2.6 聚合度指数（AI）

$$AI = \left[\frac{e_{ij}}{max\_e_{ij}} \right] \times 100\% \qquad (3-9)$$

其中，AI 为景观中某一类型的聚合度（$0 \leqslant AI \leqslant 100$），$e_{ij}$ 表示斑块类型 i 的斑块相邻的像元边数（每个斑块只数一次），max_e_{ij} 表示斑块类型 i 的斑块可能达到的最大相邻边数。

聚合度指数反映的是景观中同一类型斑块的非随机性或聚集程度，其值越大，所计算的像元内相同类型的斑块越多，聚集程度越高，当所有斑块团聚成一个单一而紧密的斑块时，AI 等于 100。

3.5.2.7 蔓延度指数（CONTAG）

$$CONTAG = \left[1 + \frac{\sum_{i=1}^{n} \sum_{k=1}^{n} \left[\left(p_i \frac{e_{ik}}{\sum_{k=1}^{n} e_{ik}} \right) \ln \left(p_i \frac{e_{ik}}{\sum_{k=1}^{n} e_{ik}} \right) \right]}{2\ln(n)} \right] \times 100 \qquad (3-10)$$

其中，CONTAG 为蔓延度指数（$0 < CONTAG \leqslant 100$），p_i 是表示随机抽取的栅格细胞属于斑块类型 i 的概率，e_{ij} 表示斑块类型 i 和斑块类型 k 之间所有邻接的栅格数目（包括景观 i 中所有邻接的栅格数目），n 为景观类型数。

CONTAG 指标描述的是景观里不同斑块类型的团聚程度或延展趋势。由于此指标包含空间信息，是描述景观格局的最重要的指数之一。一般来说，高蔓延度值说明景观中的某种优势斑块类型形成了良好的连接性；反之则表明景观是具有多种要素的密集格局，景观的破碎化程度较高。

3.5.2.8 景观分割度指数（LDI）

$$\text{LDI} = \left[1 - \sum_{j=1}^{n} \left(\frac{a_{ij}}{A} \right)^2 \right] \tag{3-11}$$

其中，LDI 为景观分割度指数（$0 < \text{LDI} \leq 1$），a_{ij} 为第 i 类景观类型斑块 j 的面积，A 为总面积。分割度用来表示景观的破碎化程度[71]。LDI 的值越高，表明景观的破碎化程度也越高。

3.5.2.9 散布与并列指数（IJI）

$$\text{IJI} \frac{- \sum_{i=k}^{n} \sum_{k=i+1}^{n} \left[\left(\frac{e_{ik}}{E} \right) \cdot \ln \left(\frac{e_{ik}}{E} \right) \right]}{\ln(0.5[n(n-1)])} (100) \tag{3-12}$$

其中，IJI 为散布于并列指数（$0 < \text{IJI} \leq 100$），e_{ik} 为斑块 i 和斑块 k 之间的边界长度，E 为总边界长度，n 为斑块数。

此指数对于某种受相邻景观类型影响较大的景观的分布特征反映显著，当 IJI 的值小时，表明某种景观类型仅与少数其他类型的景观相邻，IJI 的值越大，各景观类型之间的联系程度越大，相互之间关系也越复杂。

3.5.3 景观格局指数的计算

景观格局指数可以采用地理信息系统的方法和技术计算获取，如通过 Arc-GIS 软件的属性表运算统计出各个斑块的面积、周长和数量等，然后采用 Excel 按照各个指数的计算模型进行计算获取，但是 ArcGIS 等 GIS 软件的开发和应用在此方向并不是主要的，计算过程也相对较为复杂，可计算的指数也有限，因此将地理信息系统的景观格局分析功能进行扩充，形成了基于地理信息系统的各具特色的景观指数软件，如 Fragstats、APACK、SPAN 等，其中基于 ArcGIS 软件平台的 Fragstats 软件，已成为最常使用的景观格局指数计算软件之一。Fragstats 由美国俄勒冈州立大学开发，分为栅格版本和矢量版本两种，此软件有斑块（Patch-level）、类型景观（Class-level）和景观（Landscape-level）3 个层次的指数 59 个，在使用过程中要根据研究区特点、研究目的等具体要求选择指数，并应用景观生态学的相关理论进行解释。本书采用的是 Fragstats 3.3 的栅格版本，将关中地区土地利用解译的数据转换成 Fragstats 软件可以识别的 ARC_GRID 格式的栅格数据，栅格大小为 30m×30m，建立 8 种景观斑块类型，对关中地区 1985 年、2000 年和 2005 年的景观格局指数进行计算，并分析其景观格局动态变化。

3.5.4　景观空间格局与动态分析

3.5.4.1　景观水平的景观格局分析

根据所选取的景观层次的 6 个景观格局指数对关中地区不同时期的景观格局进行分析，计算结果如表 3-11 所示。

表 3-11　　　1985 年、2000 年和 2005 年关中地区景观格局指数

年份	CONTAG	IJI	SHDI	LPI	LSI	FRAC_MN
1985	67.332	40.9056	1.1861	19.7158	135.4007	1.1260
2000	64.278	45.4655	1.2561	17.9220	189.0497	1.0802
2005	64.618	46.4522	1.2670	18.0761	162.8047	1.0650

由计算的结果可以看出关中地区 1985~2005 年景观格局发生的变化：

蔓延度（CONTAG）：关中地区景观格局的蔓延度的变化趋势为先减少后增加，蔓延度指数由 1985 年的 67.332 减少到 2000 年的 64.278，至 2005 年，蔓延度指数又略微增加到 64.6178，总体上关中地区 3 个时期的景观聚集度适中。蔓延度指数的增减表明了景观格局趋向单一或复杂程度，蔓延度指数的减小表明关中地区景观格局的破碎化程度增加，从单一的优势斑块向多种类型的斑块密集分布的转变。关中地区土地利用景观破碎化程度的增加与退耕还林还草国家政策、建设用地的扩张等人为干扰因素的加剧有关。

散布于并列指数（IJI）：散布与并列指数呈增加的趋势，由 1985 年的

40.9056 增加到 2005 年的 46.4522。IJI 的增加表明关中地区各土地利用景观类型之间的连通性增强，相互关系变得更为复杂。

景观多样性指数（SHDI）：景观多样性指数呈增加的趋势，其值由 1.1861 增加到 2005 年的 1.2670。景观多样性指数的增加表明关中地区各土地利用景观类型的斑块趋向于均匀发展。主要是因为建设用地面积的增加，特别是农村居民点对耕地和草地等土地利用类型的镶嵌式占用，其次，林地和草地所占面积增加，在空间上的分布也更为广泛。

最大斑块指数（LPI）：在景观水平上，最大斑块指数反映的是景观格局里最大的斑块占总面积的比例，斑块大小影响单位面积的生物量、生产力、养分存储、物种多样性以及内部种的移动和外来种的数量。关中地区最大斑块指数呈减少的趋势，LPI 由 1985 年的 19.7158 减少到 2005 年的 18.0761，表明关中地区优势土地利用景观类型呈现减少的趋势，由少数几种土地利用类型景观占绝对优势的情况有所减缓。

景观形状指数（LSI）：景观形状指数呈现增加的趋势，由 1985 年的 135.4007 增加到 2000 年的 189.0497，表明基底性景观不断破碎化。其后又稍微减少到 2005 年的 162.8047，景观形状指数总体上减少表明在此期间各景观基底发生了变化，如林地连成片、建设用地扩张，斑块形状又趋向于规则。

平均分维数（FRAC_ MN）：平均分维数的值呈减少的趋势，由 1985 年的 1.1260 减少到 2005 年的 1.0650，表明人类活动对关中地区的土地利用景观的干扰强度加剧，景观斑块形状趋于简单。

3.5.4.2　类型景观水平的景观格局分析

利用类型景观水平的斑块密度、最大斑块指数、平均斑块分维度指数、景观分割度和聚合度等 5 项指标对不同时期关中地区各景观类型特征及其结构进行动态变化趋势。通过计算，得出了 3 个时期的类型景观水平景观格局指数，如表 3-12 所示。

表 3－12　　　　　　　　　　不同景观类型景观格局指数

		PD	LPI	MPFD	LDI	AI
1985 年	草地	0.0489	3.1334	1.1544	0.9981	94.6902
	耕地	0.0353	19.7158	1.1437	0.9497	97.5286
	林地	0.0488	5.8798	1.1120	0.9955	97.0836
	水域	0.0029	0.1378	1.1295	1	93.0264
	滩地	0.0028	0.0387	1.1276	1	93.553
	建设用地	0.0249	0.2914	1.0724	1	94.7504
	未利用地	0.0006	0.025	1.1066	1	95.8356
	沙地	0.0002	0.1282	1.1143	1	97.8574
2000 年	草地	0.0956	2.7277	1.1348	0.9985	93.2621
	耕地	0.0398	17.922	1.1038	0.9587	96.2393
	林地	0.1482	2.3271	1.0861	0.9982	96.2184
	水域	0.0089	0.1424	1.0895	1	91.7743
	滩地	0.0049	0.0438	1.1181	1	92.8138
	建设用地	0.2714	0.3708	1.0446	1	91.3361
	未利用地	0.0008	0.0168	1.1017	1	95.0371
	沙地	0.0003	0.0428	1.1048	1	96.0916
2005 年	草地	0.0489	3.197	1.1546	0.9981	94.7022
	耕地	0.0738	18.0761	1.0981	0.9589	96.6761
	林地	0.3196	5.8774	1.0596	0.9955	96.6705
	水域	0.003	0.1397	1.1287	1	93.9722
	滩地	0.0024	0.0401	1.1355	1	93.3738
	建设用地	0.268	0.4921	1.0446	1	91.91
	未利用地	0.0004	0.0113	1.1193	1	94.0774
	沙地	0.0003	0.0442	1.1101	1	96.2226

　　斑块密度（PD）：从总体上，各土地利用景观类型的斑块密度以滩地、未利用地和沙地为小，主要是因为这几种土地利用景观类型占关中地区总面积的比例较小，斑块数量少；林地的斑块密度为最大，林地的面积较大，分布较为分散，特别是研究时段的后期，部分分布较为零散的坡耕地退成林地，斑块数目增多。而建设用地的斑块密度增长得最快，建设用地在空间上一般呈离散型

分布，在研究时段内，建设用地面积也增长得较快，因此斑块数量呈增加的趋势，其斑块密度也增加得较快。耕地的斑块密度也呈现增加的趋势，破碎化程度增加。

最大斑块指数（LPI）：在景观类型水平上，最大斑块指数反映的是景观格局中的优势景观类型。总体上，耕地、林地和草地等是关中地区的优势景观类型，因此其 LPI 值要高于其他类型（见图3－10）。建设用地类型的最大斑块一般为城市建设用地，从图 3－10 可以直观地看到，西安市区是关中地区建设用地的最大斑块，建设用地的 LPI 呈现增加的趋势，反映了西安市城市建成区面积在不断地扩大，最大斑块面积也相应地增加。最大斑块由于具有较大的面积，特别是耕地、林地和草地等主要类型，其变化幅度一般由具有长期影响的生态过程决定，关中地区耕地的最大斑块指数在研究时段内呈现减少的趋势，1985 年，耕地的 LPI 为 19.7158，至 2005 年，LPI 值为 18.0761，而林地和草地的 LPI 总体上呈现增加的趋势。林地、草地和耕地最大斑块指数的增减在一定程度上能够反映西部大开发战略中关中地区退耕还林还草生态工程所表现出的生态效应。

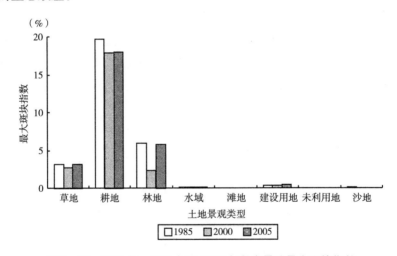

图3－10　1985 年、2000 年和 2005 年各类景观最大斑块指数

平均斑块分维度（MPFD）：受人类干扰程度较大的景观类型，其平均斑块分维度也较低。根据计算结果可以看出（见图 3－11），关中地区受人类活动干扰程度较大的耕地、林地和建设用地的分维度值较低，以 2005 年的土地

利用景观格局为例，耕地的 MPFD 为 1.0981，林地为 1.0596，建设用地为 1.0446，而滩地、沙地和水域的边界形状复杂，并且受干扰的程度也较小，因此分维度的值较高，如滩地 2005 年的 MPFD 为 1.1355。

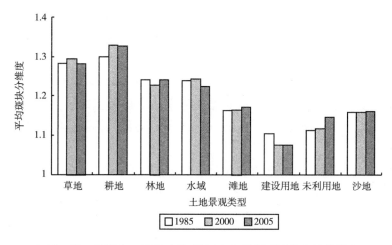

图 3 - 11　1985 年、2000 年和 2005 年各类景观平均斑块分维度

景观分割度指数（LDI）：各个土地利用景观类型的景观分割度与最大斑块指数呈相对应的趋势，最大斑块指数高的类型，其分割度指数则相应地低于其他类型，从计算结果可以看出，由于大斑块的存在，耕地、林地和草地的分割度指数较小。

聚合度指数（AI）：聚合度指数反映的是各土地利用景观类型的斑块聚集程度，各类型中，耕地、林地和沙地的聚合度指数较大，2005 年，三者的 AI 值分别为 96.6761、96.6705 和 96.2226，表明这几种类型的斑块聚集程度较高，而水域、滩地和建设用地的聚合度指数较低。

3.6
小　　结

本章采用计算机自动分类和目视解译相结合的方法对关中地区 1985 年、2000 年和 2005 年的 TM 卫星遥感影像进行了解译，获取了关中地区土地利用/土地覆盖数据。根据解译所获取的数据，采用整体与局部相结合的方法，首先分析了 1985 ~ 2005 年各种土地利用类型的动态变化情况，采用土地利用转移矩阵和土地利用变化的多度、重要度指数、土地利用平均坡度等模型对关中地区的土地利用特征及变化进行了分析，最后得出以下结论：

（1）1985 ~ 2005 年，关中地区各种土地利用变化的总体情况为：建设用地、林地和水域面积增多，未利用地、草地和耕地面积减少。面积增加最多的是建设用地，20 年间增加了 1391. 106km^2，其次为林地，增加了 233. 378km^2；面积减少的最多的是耕地，在整个研究时段内减少了 1560. 779km^2。

（2）土地利用转移矩阵的分析结果表明，耕地的流向主要是建设用地、林地和草地。建设用地扩张、生态退耕、农业产业结构调整是导致耕地面积减少的主要原因。

（3）根据土地利用变化的多度和重要度指数，1985 ~ 2000 年，耕地转变为建设用地、草地转变为耕地、草地转变为林地和耕地转变为草地等几种土地利用转变类型分布广泛，并且是此时期土地利用的重要变化方向；2000 ~ 2005 年，耕地转变为林地、耕地转变为草地、林地转变为草地和草地转变为林地等几种土地利用转变类型分布广泛，是该时期土地利用的重要变化方向。

（4）土地利用景观格局及其演变。分析结果表明，类型景观水平的指数显示，面积不断增加，分布比较分散的建设用地斑块密度最大；其次，由于耕地被其他土地利用类型侵占，原有的分布格局被破坏，斑块破碎程度增加，斑块密度也呈现增加的趋势。根据最大斑块指数和景观分割度指数的计算结果，耕地、林地和草地是关中地区的优势景观类型，但是随着土地利用景观多样化程度的增加，其优势度有所减少。根据平均斑块分维度的计算结果，所表现出的景观类型的边界形状趋于简单，这一过程可以被理解为国家政策和社会经济因素对土地利用景观变化过程的影响程度。

（5）关中地区土地利用景观格局的变化趋势：破碎化程度增加，平均分维数呈减少的趋势，斑块总体形状趋于简单，土地利用景观多样性指数有所降低，区域土地利用趋向多元化。

（6）林地和草地的破碎度降低，特别是连片分布、斑块面积很大的林地和草地所起的生态作用强于破碎的林地和草地，对生态环境的维护作用也趋于增强。

第4章

典型地区土地利用/覆盖
变化对比研究

关中地区作为一个相对独立而完整的地域单元,空间异质性明显,地形以平原为主,兼有秦岭山地和黄土高原沟壑区,区域经济发展极不均衡。为了分析不同自然背景和人文要素的组合下,关中地区土地利用结构及其变化在研究时段内所表现出的区域差异性,并且为了从不同尺度对关中地区的土地利用变化进行深入理解,本书选取不同自然背景下,社会经济发展水平及速度也有一定差异的典型地区,进行土地利用动态变化的比较分析,从而为关中地区不同类型区域建立土地可持续利用模式提供依据。本章选取了位于黄土高原丘陵沟壑区的长武县和兼有平原和山地地貌特征的长安区作为研究对象,两个县(区)都位于关中地区,但是自然背景不同,近年来社会经济发展水平也存在一定的差异。

4.1
生态环境脆弱区——长武县

长武县地处关中地区北部,位于黄土高原丘陵沟壑区,总面积549.24km²,2005年人口数为17.4万人,人均GDP为3902.29元;年平均气温9.1℃,年均降水量584mm,海拔在847~1274m,渭河的主要支流泾河由此流入陕西省境内,境内水土流失严重,生态环境脆弱,自国家实现生态恢复和保护政策以来，该区域也是退耕还林还草的重点区。根据解译所获取的土地利用图（见图4－1），长武县在研究时段内的土地利用变化比较显著。

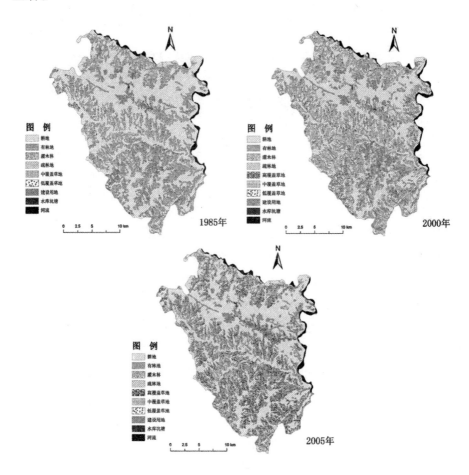

图 4－1　长武县 1985 年、2000 年和 2005 年的土地利用/土地覆盖

4.2

城市扩展热点区———长安区

长安区地处关中地区南部，位于关中平原与秦岭山地过渡区，总面积 1574.37km², 辖 25 个乡镇，年平均气温 15.5℃，年均降水量约 600mm，最高海拔 2886.7m，最低海拔 384.7m，是关中平原向秦岭山地的过渡地带。自 2002 年 9 月撤县设区，长安区成为西安市的市辖区，作为西安市新一轮城市发展中重要的副中心和经济增长极，近年来，社会经济发展迅速，人均 GDP 从 1991 年的 822.85 元增加到 2005 年的 7828.84 元，固定资产投资则从 1991 年的 10828 万元增加到 2005 年的 628257 万元（见图 4-2）。在人为因素的强烈干扰下，此区域土地利用格局也发生了较大的变化（见图 4-3）。

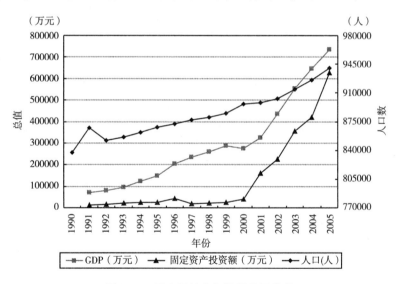

图 4-2　长安区社会经济的发展趋势

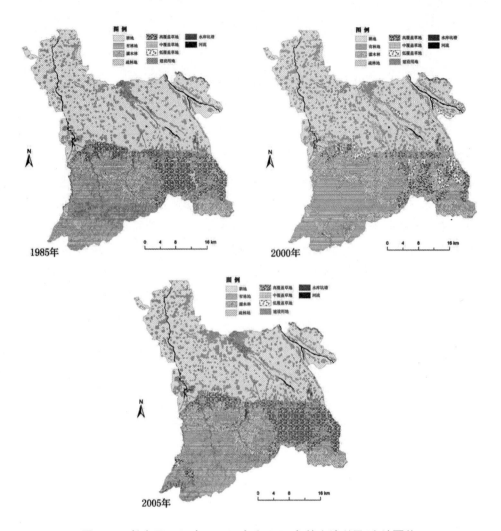

图 4 - 3　长安区 1985 年、2000 年和 2005 年的土地利用/土地覆盖

4.3

土地利用/覆盖变化特征及影响因素对比分析

单一土地利用数量变化可以用土地利用动态度表示，土地利用动态度是指某一地区在某一时段内某种土地利用变化类型的数量变化情况，计算公式：

$$K = (U_{t2} - U_{t1}) / U_{t1} \times 1/T \times 100\% \qquad (4-1)$$

其中，K为研究时段内某一土地利用类型动态度，U_{t1}和U_{t2}分别是研究开始（t1时刻）时和结束（t2时刻）时某一土地利用类型的面积，T为t1时刻到t2时刻研究时段长。

1985～2005年，两个地区土地利用/覆盖类型的组合方式并未出现明显的变化，各种土地利用类型所占比例的位次并没有发生改变，但是两个区域的土地利用结构却表现出明显的差异。从长武县的土地利用结构可以看出，耕地和草地是这一区域的主要土地利用类型。根据这一区域历年土地利用的变化可以发现，耕地数量呈现减少的趋势（见图4-4），从1985年的332.22km²减少到2005年的303.22km²，后一阶段减少的速度快于前一阶段，建设用地呈现增加的趋势，从1985年的6.04km²增加到2005年的17.98 km²，林地从1985年的23.37km²增加到2005年的37.11km²，草地从1985年的177.67km²增加到2005年的181.16km²，水域面积变化不大，从1985年的9.94km²减少到2005年的9.77km²。

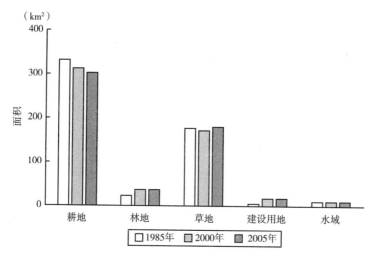

图4-4 1985～2005年长武县主要土地利用类型的变化态势

从林地和草地的覆盖度可以看出，高覆盖草地和有林地呈现增加的趋势，特别是实行封山育林以来，高盖度植被的增长速度有所加快，而高盖度植被类型主要是从中、低覆盖植被类型转化而来，几种类型呈现出层次演进的趋势（见表4-1）。

表4-1　　　　　　　　　长武县1985~2005年土地利用/覆盖与动态度

	面积（km²）			动态度（%）	
	1985 年	2000 年	2005 年	1985~2000 年	2000~2005 年
耕地	332.22	314.7	303.22	-0.35	-0.73
有林地	14.58	11.99	22.04	-1.18	16.76
灌木林	8.77	21.35	13.6	9.56	-7.26
疏林地	0.02	1.69	1.47	556.67	-2.6
高覆盖草地	0	10.35	80.03		134.65
中覆盖草地	165.14	150.31	93.33	-0.6	-7.58
低覆盖草地	12.53	12	7.8	-0.28	-7
建设用地	6.04	17.26	17.98	12.38	0.83
水库坑塘	0.33	0.27	0.24	-1.21	-2.22
河流	9.61	9.32	9.53	-0.2	0.45

　　在长安区的土地利用结构中，耕地和林地为主要的土地利用类型，长安区土地利用变化总体呈现出耕地面积减少、建设用地增加，林地和草地基本持平，水域面积略微增加的趋势（见图4-5）。耕地大部分位于长安区平原区部分，其他零星分布于河谷，而林地和草地主要分布在秦岭山地，虽然由于自然生长和气候变动等原因造成的林草植被覆盖度在各个年份有所差异，但林地和草地总面积还是保持着大致不变的态势。

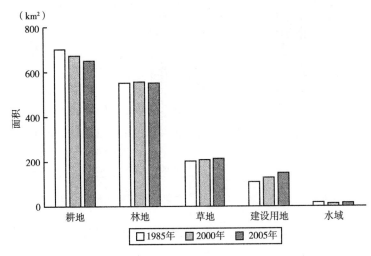

图4-5　1985~2005年长安区主要土地利用类型的变化态势

耕地面积从 1985 年的 701.4km^2 减少到 2005 年的 651.32 km^2，减少了 50.08km^2，建设用地面积从 1985 年的 107.89km^2 增加到 2005 年的 149.53km^2，增加了 41.64km^2，建设用地的增长速度在后一阶段要高于前一阶段（见表 4 – 2）。

表 4 – 2　　　　　　　　　长安区 1985 ~ 2005 年土地利用/覆盖与动态度

	面积（km^2）			动态度（%）	
	1985 年	2000 年	2005 年	1985 ~ 2000 年	2000 ~ 2005 年
耕地	701.4	673.48	651.32	– 0.27	– 0.66
高覆盖草地	170.88	162.59	184.79	– 0.32	2.73
中覆盖草地	28.85	34.9	24.67	1.4	– 5.86
低覆盖草地	1.94	8.77	1.03	23.47	– 17.65
有林地	335.66	278.96	328.33	– 1.13	3.54
灌木林	215.61	251.14	221.44	1.1	– 2.37
疏林地	0.11	25.61	0.69	1545.45	– 19.46
建设用地	107.89	128.04	149.53	1.25	3.36
水库坑塘	2.64	2.8	3.67	0.4	6.21
河流	9.39	8.08	8.9	– 0.93	2.03

在研究时段内，两者的土地利用变化总体上都是呈现耕地面积减少，建设用地增加的趋势，但是耕地减少的原因不尽相同，根据不同土地类型之间转变的结果可以看出（见表 4 – 3），长武县耕地转为林地的斑块数为 3809 个，转变面积为 15.98km^2，其次为耕地转为建设用地和草地，长武县的耕地面积减少可以被认为是在生态环境建设的政策驱动下的结果，其次是由于建设用地的扩展。而位于城市扩展热点地区的长安区，其耕地面积的减少主要是由于建设用地增长速度较快造成的，耕地转为建设用地的斑块数量为 408 个，转化面积为 37.06km^2，2000 年以后，随着西安市向外扩展的范围不断增大，与市区相邻的长安区也成为城镇扩展的热点区域，此外，由于西部大学城的设立，多所高校在此开辟了新校园区，由此对此区域的居民小区、道路交通线等的建设也起到了较大的推动作用。耕地转化为草地和林地的面积居其次，其原因为生态退耕，以及在经济利益的驱使下，一部分耕地被改造为果林和园地。

表 4-3 1985~2005 年土地利用转移类型的斑块数及面积

	长安区		长武县	
	变化斑块数 （个）	变化面积 （km²）	变化斑块数 （个）	变化面积 （km²）
耕地→草地	191	10.95	149	2.11
耕地→林地	93	1.82	3809	15.98
耕地→水域	19	1.31	1	0.04
耕地→建设用地	408	37.06	141	10.98
草地→耕地	6	0.04	36	0.12
草地→林地			5	0.01
草地→水域	22	0.08	29	0.07
草地→建设用地	61	0.8	97	0.88
林地→草地	51	0.1		
林地→水域	18	0.12		
林地→建设用地	245	4.24		
水域→耕地	10	0.76	2	0.01
水域→草地	34	0.15		
水域→建设用地	4	0.03	1	0.08
建设用地→耕地	14	0.52		
建设用地→林地	3	0.06		
建设用地→水域	2	0.03		

4.4

景观格局变化分析

选取生态学意义比较明显的景观尺度指数：斑块密度（PD）、平均分维数（FRAC_MN）、分离度指数（DIVISION）、景观多样性指数（SHDI）、景观形状指数（LSI）对关中典型地区的景观格局特征进行分析研究。

根据景观格局指数的计算结果（见表 4-4）可以看出，长安区的斑块密度呈现增长的趋势，表明这一区域的景观破碎化程度有所提升，平均分维数意味着斑块的自相似程度，从一定程度上反映了人类活动对斑块的影响程度[13]，平均分维数呈现先增长、后减少的趋势，表明斑块形状在人为干扰下趋于复杂，之后由于一些斑块连接成片，斑块呈现出更为简单的形状。分离度指数从1985年的0.8338，增加到2000年的0.8495，至2005年，减少为0.8473，分离度指数的变化表明各种土地利用景观类型在空间分布上更为分散。多样性指数是景观要素或生态系统结构的多样性，反映不同景观类分布的均匀性与复杂程度，长安区的景观多样性指数从1985年的1.5079，增长到2000年的1.6856，随后景观多样性指数又有所降低，2005年的景观多样性指数值为1.5666，景观多样性指数的增加表明长安区各土地利用景观类型的斑块趋向于均匀发展，主要原因为建设用地面积的增加，特别是农村居民点对耕地和草地等土地利用类型的镶嵌式占用，其次，林地和草地所占面积也增加，在空间上的分布也更为广泛。景观形状指数从1985年的28.4087，减少到2000年的25.7195，各景观斑块趋向于规则，继而增加到2005年的29.4078，表明在此期间基底性景观破碎化程度有所增加。

表 4 - 4　长武县与长安区 1985 ~ 2005 年土地利用景观格局指数特征及其变化

		斑块密度 （PD）	平均分维数 （FRAC_MN）	分离度指数 （DIVISION）	景观多样性指数 （SHDI）	景观形状指数 （LSI）
长安区	1985 年	3.0253	1.0433	0.8338	1.5079	28.4087
	2000 年	0.6635	1.0654	0.8495	1.6856	25.7195
	2005 年	3.5451	1.0389	0.8473	1.5666	29.4078
长武县	1985 年	7.6324	1.0472	0.6961	1.0626	34.4592
	2000 年	9.336	1.0565	0.7355	1.252	43.7312
	2005 年	20.8179	1.0483	0.7525	1.4234	57.8249

长武县的斑块密度指数总体上是呈现增加的趋势，从1985年的7.6324增加到2005年的20.8179，表明这一区域的景观破碎化程度增加；景观平均分维数先增加，后略有减少，平均分维数增加说明斑块形状相似性变小，形状越来越不规则。分离度指数从1985年的0.6961增加到2005年的0.7525，表明这一区域各种土地利用景观类型呈现出较为分散的格局，且增长的趋势一直延续。随着耕地转为林地、草地和建设用地的斑块数不断增多，各景观类型的斑块趋向于均匀发展，景观多样性指数也从1985年的1.0626，增加到2000年的

1.252，继而为 2005 年的 1.4234，表明以耕地占绝对优势的土地利用结构向多样化发展的趋势；景观形状指数从 1985 年的 34.4592 增加到 2005 年的 57.8249，此区域原有土地利用格局不断被破碎化，其中耕地转为林地和草地的斑块数最多，转化也最为剧烈。

从景观格局指数的变化比较来看，长安区与长武县的斑块密度都呈现增长的趋势，长武县的增长幅度要高于长安区；长安区和长武县的景观形状指数差别较大，长武县的景观形状指数要高于长安区，表明长武县的景观破碎程度要高于长安区；两个区域的景观多样性指数都有增加，有利于景观的抗干扰能力和增强土地利用生态的稳定性，而长安区土地利用景观的多样性相对更高；景观分离度反映了景观类型空间分布的集散程度，从分离度指数的比较可以看出，长安区土地利用类型的景观分散程度要高于长武县，但从研究时段内变化的程度来看，长武县变化的更大，土地利用景观受人为影响更强烈。

土地利用/覆盖研究具有明显的尺度性和区域性，通过对不同政策体制、社会经济发展、自然条件等差异下的对比，可以为土地的合理利用提供相互借鉴，以及寻求合理的土地可持续利用途径，如对图们江中游中朝土地利用/覆盖及变化比较研究[72]，对香港与深圳的土地集约利用对比研究[73]。我国是一个山地大国，山区面积（含丘陵）约占总国土面积的70%，人口约占全国的1/3，在我国社会经济格局中具有重要地位，山区地形复杂多变，自然资源具有显著的空间分异性，并形成了与平原地区差别迥异的复杂的土地利用/覆被与景观格局。本章以位处我国西部大开发和脆弱生态环境建设的重点区域关中地区为研究区域，选取此地域单元内地形和社会经济发展水平存在差异的两个典型区域，从微观尺度进行了土地利用/覆盖对比，揭示了其内在变化机制，避免了地域单元宏观研究上的笼统性，并且为区域土地利用对比研究提供了例证。研究发现，景观破碎化是客观存在的，其存在有利于生态系统的稳定性，人类的干扰可以产生积极和消极的作用，如生态重建、建设扩张等，但是由于人类活动产生过高的景观破碎度，最终将造成土地资源的不合理利用和生态失衡，因此，针对区域土地利用背景和变化的差异性，需要采取分而治之的策略，通过调整土地利用方式，构建生态安全条件下的景观格局[74]，针对黄土高原丘陵沟壑区，应该基于土地利用特征，集生物措施、工程措施和综合调控于一体，减少水土流失量，逐渐改变不合理的土地利用方式，减少景观的破碎化程度。对平原地区和城镇快速扩展区域进行严格约束和合理规划，对农村居民用地和耕地实施整理，避免建设用地的盲目扩张，鼓励发展城镇集群和产业集聚，严格保护农用地特别是耕地，提高土地利用的集约化水平。

4.5

小　　结

（1）长武县和长安区同属关中地区，自然条件和社会经济具有一定的差异性，在研究时段内，两区的土地利用变化都呈现耕地面积减少，建设用地增加的趋势，但是耕地减少的原因不尽相同，长武县主要为生态建设，长安区主要为建设用地的扩展。

（2）长安区与长武县的斑块密度都呈现增大的趋势，而长武县的增加幅度要高于长安区，1985～2000年，长安区和长武县的平均分维数都是增加，而后减少，但从1985～2005年的对比可以看出，长安区的平均分维数呈现下降，而长武县呈现增加的趋势，根据景观形状的比较，长武县的景观破碎化程度相对较大，从分离度指数变化的变化比较，长武县的土地利用景观受到的人为影响更为剧烈。

第5章

土地利用格局空间相关性分析

　　土地利用格局的形成与演变受多种因素的影响：自然因素、社会因素、经济因素。地形地貌、气候、水文、土壤等自然因素是土地利用格局形成的基础，而人类活动在土地利用格局的形成和演化过程中也起着重要的作用，探讨和分析土地利用变化的影响因素及其驱动机制，是构建土地利用空间模拟模型的前提和基础。土地利用动态变化与影响因素关系的定量分析，通常采用多元回归分析、典型相关分析和马尔可夫等经典计量模型，该类模型在时间尺度上能较好地解释土地利用变化的驱动因素，但也存在以下方面的不足：（1）对统计数据依赖较大，空间表达性差，从微观尺度揭示土地斑块空间分布与各影响因子之间相互关系的能力也略显不足；（2）传统的线性回归分析法揭示了不同环境因素对土地利用格局的影响程度和水平，但缺少对研究对象在地理空间上相互关联关系的考虑，特别是对土地利用这种具有显著地理空间特征和社会属性的对象而言，无疑会导致模型估计结果的偏差。为了弥补传统线性分析模型的缺陷，一些研究尝试性地引入了空间自回归模型对影响因素进行分析。空间自回归模型既考虑各种影响因素的同时，也能够充分考虑到地理空间上相互关联关系的影响。本章运用空间自回归模型深入分析不同环境因素对土地利用空间分布的影响程度，以期为土地利用动态变化监测、土地利用空间布局优化等理论和实践提供重要决策参考和技术支撑[75]。

　　2003年，Overmars K P 等提出由于土地利用中可能存在空间自相关性，有必要首先进行空间自相关分析，然后引入空间自回归分析模型进行研究[76]。因此，本章首先介绍相关研究方法；其次对土地利用格局空间自相关进行分析和计算；最后采用空间自回归模型对关中地区土地利用格局的影响因素进行分析，以探讨关中地区土地利用格局形成的内在机理。

5.1

空间自相关分析

空间自相关（Spatial Autocorrelation）是指一个区域内分布的地理事物的某一属性和其他所有事物的同种属性之间的关系（Cliff et al. , 1973, 1981）。地理事物普遍存在着空间自相关现象，自 20 世纪 70 年代 Tobler 正式提出地理事物存在自相关性的概念以来，定量分析空间自相关性特征并解析其成因的空间分析技术便成为许多研究所关注的问题。空间自相关分析目前已广泛应用于自然科学和社会科学领域，通过空间自相关分析可以确定地理事物在空间上是否存在相关以及相关程度，把空间自相关引入土地利用的空间格局研究，可以揭示各土地利用类型的空间分布特征与规律。根据分析空间的大小，可以把空间自相关分为全局空间自相关和局部空间自相关[77]。全局自相关用来描述整个研究区域上所有对象之间的平均关联程度、空间分布模式及其显著性；局部自相关统计变量可以识别不同空间位置上可能存在的不同空间关联模式（或空间集聚模式），从而可以观察空间局部不平稳性，发现数据之间的空间异质性，为分类和决策提供依据[78]。用于定量衡量空间自相关的数学方法有很多，其中基于全局自相关特征表达的指标主要有：Moran's I, Geary's C 和 Join Count[79] 等，用于局部空间自相关特征表达的指标主要有：Local Moran's I, LISA（Local Indicators of Spatial Association, Anselin L . Local indicators of spatial association（LISA）[80] 和 Getis-ord G*[81] 等。本章采用全局自相关中的 Moran's I 指数对土地利用的空间自相关进行定量分析。

5.1.1　Moran's I 指数

Moran's I 指数是用来衡量相邻的空间分布对象及其属性取值之间的关系。指数的取值范围在 -1 ~ 1 之间，正值表示具有此空间事物的属性取值分布具有正相关性，负值表示此空间事物的属性取值分布具有负相关性，零值表示此空间事物的属性取值不存在空间相关，也就是空间随机分布[82]。计算公式：

$$I = \frac{n \cdot \sum\limits_{i=1}^{n} \sum\limits_{j}^{n} w_{ij} \cdot (y_i - \bar{y})(y_j - \bar{y})}{(\sum\limits_{i}^{n} \sum\limits_{j}^{n} w_{ij}) \cdot \sum\limits_{i}^{n} (y_i - \bar{y})^2} \qquad (5-1)$$

其中，y_i 和 y_j 分别为 i 和 j 所在位置的观测值；w_{ij} 是空间权重系数矩阵，用来衡量空间事物之间关系；$\bar{y}$ 为所有点的均值。

5.1.2 空间权重矩阵

在进行空间自相关分析之前，首先需要定义空间权重矩阵，空间权重矩阵是用来定量表达地理事物的空间邻接关系。GIS 生成的拓扑信息提供了空间链接或空间临近的基本度量[83]，在研究过程中可以根据定量的拓扑关系确定权重，空间权重矩阵包括以多边形（区域）邻接为基础的空间邻接权重和以距离范围为基础的空间距离权重。

空间邻接权重设定的条件是：如果两个空间单元有非零长度的公共边界，认为两者是相邻的，对其赋值为 1，否则为 0[84]。空间邻接权重主要包括两种方式：rook 和 queen。rook 以上下左右定义邻接关系，queen 则在 rook 基础上再加上对角线（见图 5-1）。

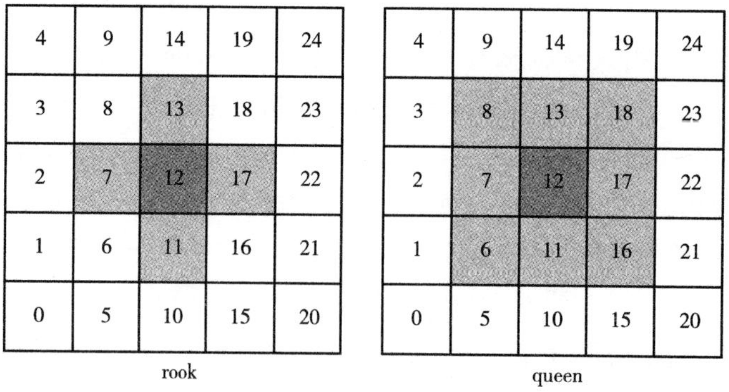

图 5-1 空间邻接关系示意图

空间邻接权重的数学表达式为：

$$W_{ij} = \begin{cases} 1, & i \text{ 与 } j \text{ 相邻} \\ 0, & i = j \text{ 或者 } i \text{ 与 } j \text{ 还相邻} \end{cases} \qquad (5-2)$$

空间距离权重指的是设定一定的距离 d，在此范围内则视为邻接（见图 5-2）。

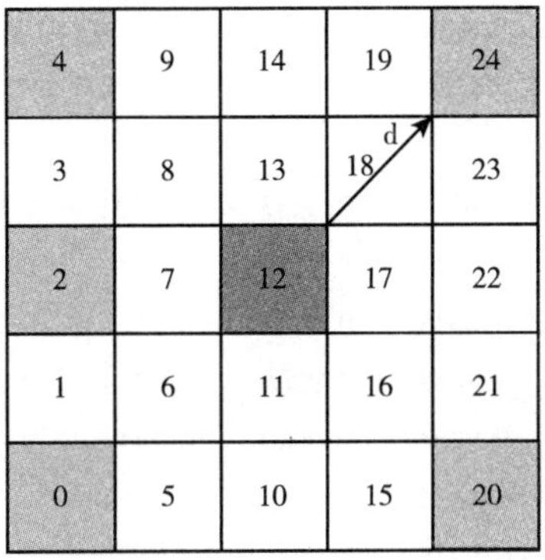

图 5-2　基于距离的空间邻接关系示意图

空间距离权重的数学表达式为：

$$W_{ij} = \begin{cases} 1, & \text{当 } i \text{ 与 } j \text{ 的距离} \leqslant d \text{ 时} \\ 0, & \text{其他} \end{cases} \qquad (5-3)$$

由于不同空间权重矩阵所定义的分析尺度不同，所得出的空间自相关分析结果也存在差异，空间自相关系数随着空间尺度的改变而发生变化，在进行空间自相关分析时，通过对基于一系列不同尺度的自相关系数进行计算，可以揭示所研究的变量的自相关程度随空间尺度的变化[85]，在分析过程中应根据实际情况和研究目的定义空间邻接关系。

5.1.3　结果与分析

本书中的空间自相关分析是在 Anselin L 等开发的 Geoda 095i 软件支持下进行的。Geoda 095i 是为进行空间分析而开发的一款计量软件，支持 ESRI 的 shape 数据格式，该软件具有生成空间权重矩阵，进行空间自相关指数的计算、空间回归分析的空间数据分析等功能。以关中地区 2005 年的土地利用类型矢量数据为分析对象，通过定量计算，分析了关中地区土地利用格局的空间自相关情况。在分析过程中，为了了解不同距离范围内土地利用空间自相关的变化情况，采用了空间距离权重矩阵，空间权重距离定义为 0.5 ~ 100km，最后基于 Geoda 软件所生成的空间权重矩阵分别对各种土地利用类型的空间自相关指数进行了计算（见表 5 - 1）。

表 5 - 1 关中地区 2005 年土地利用的空间自相关指数

距离 （km）	建设用地	林地	耕地	草地	水域	滩地	沙地	未利用地
0.5	0.2184	0.4806	0.0100	0.0257	0.0000	0.0000	0.0000	0.0000
1	0.4773	0.6606	0.1533	0.2316	0.0241	0.0537	0.0000	0.0000
2	0.5246	0.7928	0.6335	0.7822	0.1520	0.2384	0.0000	0.0000
3	0.5170	0.7991	0.8488	0.9286	0.1838	0.3276	0.2429	0.0000
4	0.5119	0.7901	0.9222	0.9580	0.2445	0.4631	0.2542	0.0000
5	0.5056	0.7787	0.9634	0.9745	0.3292	0.5894	0.2887	0.0098
6	0.5018	0.7685	0.9725	0.9836	0.4604	0.6727	0.3000	0.2833
7	0.4985	0.7598	0.9799	0.9821	0.4851	0.6853	0.5628	0.2833
8	0.4965	0.7519	0.9889	0.9813	0.5388	0.7412	0.5336	0.2833
9	0.4933	0.7457	0.9902	0.9800	0.5403	0.7547	0.5467	0.2833
10	0.4905	0.7390	0.9909	0.9788	0.6493	0.8508	0.5515	0.2833
20	0.4619	0.6791	0.9803	0.9638	0.8563	0.9005	0.4336	0.4262
30	0.4615	0.6688	0.9606	0.9419	0.8676	0.8607	0.3076	0.4262
40	0.4549	0.6529	0.9353	0.9153	0.8248	0.7898	0.2923	0.7518
50	0.4498	0.6407	0.9085	0.8876	0.7726	0.7078	0.2923	0.6023
60	0.4457	0.6310	0.8751	0.8578	0.7200	0.6631	0.2923	0.5987
70	0.4423	0.6229	0.8340	0.8249	0.6595	0.6345	0.2923	0.5813
80	0.4394	0.6159	0.7934	0.7903	0.6088	0.5996	0.2923	0.5657
90	0.4368	0.6099	0.7365	0.7449	0.5671	0.5755	0.2923	0.4485
100	0.4345	0.6045	0.6795	0.6982	0.5201	0.5249	0.2923	0.4626

从关中地区的 8 种主要土地利用类型的空间自相关指数的计算结果可以看出，各种主要土地利用类型都表现出正自相关性。总体上看，从 3km 到 100km，草地和耕地的空间自相关性要强于其他土地利用类型，未利用地的空间自相关性最弱。表明在此距离范围内，草地和耕地分布呈现空间集聚的特性，而未利用地最为分散。在不同的距离范围内，其空间自相关性都表现出较大的变动，从 0.5km 到 100km，随着距离范围的增加，空间自相关指数呈现

出先增加、后减少的趋势（见图 5-3），而不同土地利用类型的最高空间自相关指数则出现在不同的距离上，如耕地的自相关指数在 10km 处达到了 0.9909，而草地的自相关指数在 6km 处达到了 0.9836，这与各种土地利用类型在不同距离范围内的空间分布的集聚程度具有很大关系。

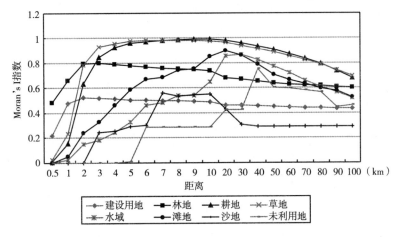

图 5-3　不同距离范围内各种土地利用类型的空间自相关指数

5.2

土地利用格局空间自回归分析

5.2.1　空间自回归模型

回归分析被用来分析变量和因变量之间的关系，并对这种关系以函数的形式进行描述的一种统计分析方法。进行空间自回归分析的过程中，经常使用的是空间线性回归模型，该模型起源于经典线性回归理论，但是由于地理空间数据所存在的自相关性，难以满足经典线性回归的成立条件，因此，Anselin（1988）在考虑空间自回归中自相关现象的存在的基础上，将经典回归模型表达为一般形式[86]：

$$y = \rho w_1 y + X\beta + \varepsilon$$
$$\varepsilon = \lambda w_2 \varepsilon + \mu, \mu \sim N(0, w), w_{ij} = h_i(za), h_i > 0 \qquad (5-4)$$

其中，y 为被解释变量；X 为解释变量；ε 为残差；β 为与解释变量 X 相关的参数向量；ρ 为延迟依赖变量系数；w_1 和 w_2 为空间权重矩阵，其中权重矩阵 w_1 反映变量本身的空间趋势，权重矩阵 w_2 反映残差的空间趋势；通常情况下，$0 \leqslant \rho < 1$，$0 \leqslant \lambda < 1$；空间线性回归方程决定于参数 ρ、λ 和 a，根据这 3 个参数的取值，可以建立具有不同数学意义的回归模型：

当 $\rho = 0$；$\lambda = 0$；$a = 0$ 时，为经典线性回归模型：

$$y = X\beta + \varepsilon \tag{5-5}$$

经典线性回归模型是空间分析的基础，但本身不反映空间数据之间的空间相关性。

（1）当 $\lambda = 0$；$a = 0$ 时，为混合回归空间自回归模型：

$$y = \rho w_1 y + X\beta + \varepsilon \tag{5-6}$$

这个模型反映了变量在空间上的相关特征，即所研究区域的被解释变量如何受到相邻区域被解释变量的影响。

（2）当 $\rho = 0$；$a = 0$ 时，为具有空间自回归扰动项的线性回归模型：

$$y = X\beta + (I - \lambda w_2)^{-1}\mu \tag{5-7}$$

（3）当 $a = 0$ 时，为具有空间自回归扰动项的混合回归－空间自回归模型，即空间滞后模型：

$$y = \rho w_1 y + X\beta + (I - \rho w_2)^{-1}\mu \tag{5-8}$$

空间自回归模型中，所研究区域的被解释变量不仅与本区域的解释变量有关，还与相邻区域的被解释变量有关。使用该模型对土地利用格局与影响因素的关系进行分析，可以认为各种土地利用类型的分布不仅受到自然要素和社会经济因素等变量的影响，还要受到相邻土地利用类型的影响，因此研究将采用加入了空间权重的空间滞后模型对其进行分析。

使用回归模型进行分析得出的结果，必须通过检验，才具备科学的研究意义，Rykiel 定义模型的验证为"确定模型在其既定的应用范围内的模拟结果与其相对应的现实世界行为的吻合程度的过程"[87]。模型的验证方法众多，在经典回归模型中，常使用决定系数 R^2 进行检验，但在有空间自相关存在的情况下，经典回归模型中的 R^2 不再适用于空间自回归，采用伪 R^2 代替。伪 R^2 是回归平方和与因变量观测值的离均差平方和比值，在经典回归模型中，等于 R^2，检验回归模型的参数还有最大对数似然比检验（Maximized Log Likelihood）、Akaike 信息标准（AIC）、Schwartz 贝叶斯标准（SBC）等。LIK 值高（或 AIC、SC 值低）的空间自回归模型解释能力较强[88]，但是 LIK 不像经典决定系数 R^2，不能作为模型拟合优度的绝对指标[89]。

5.2.2　影响因子选取和数据处理

5.2.2.1　影响因子的选取

土地利用格局的形成是自然环境要素和社会经济发展等共同作用的结果，因此，在因子的选取过程中，首先要结合关中地区土地利用特点，尽可能综合考虑自然环境和社会经济条件，选取与土地利用格局分布密切相关的因子，其次还要考虑数据的可获取性以及数据的空间化和定量化要求，本书中土地利用格局的影响因素主要包括 6 个方面：地形因子、水文因子、可达性因子、气象因子、土壤因子和社会经济因子，每一个因子采用多个指标进行分析（见表 5 -2）。

表 5 -2　　　　　　　　　　土地利用格局影响因子数据库

类　　型	指　　标	说　　明	数据来源
地形因子	海拔高度（m）、坡度（°）、地形起伏度	对地形地貌的定量描述	关中地区 1∶25 万数字高程模型（DEM）
水文因子	河网密度（m/km²）	对地表水资源的描述	关中地区河流水系线划数据
可达性因子	距道路距离、距面状水域距离、距城镇距离	对道路、水域和城镇的影响作用的定量描述	关中地区 1∶25 万基础地理数据，包括道路、城镇、面状水域等要素
气象因子	年均降水量（mm）、年均温（℃）	对区域气候状况的描述	陕西省气象局提供的观测台站 2003～2006 年平均气象观测数据
土壤因子	有机质（%）、N（%）、P（%）、K（%）	对土壤肥力状况的描述	陕西省土壤普查办公室编写的《陕西土壤》
社会经济因子	人口密度（人/km²）、人均国民生产总值（GDP）	对区域社会经济状况的描述	《陕西省统计年鉴》、《陕西省第五次人口普查》

5.2.2.2 空间数据的采集

土地利用空间相关性研究中所使用的数据主要为 GIS 空间数据,空间数据可以分为原始数据和转换数据等多种类型(见表 5 – 3),空间数据的采集主要是将各种类型的原始数据转换成 GIS 分析应用中能够识别和使用的数据。对于各种类型的非数字化数据,包括文本数据、统计数据和调查报表等,可以通过手工录入和数据库链接等添加到属性表里;已有的各种类型的专题地图是 GIS 数据的重要来源,但纸质地图是不能直接使用的,必须通过数字化等方式进行转换才能使用;对站点观测或根据仪器如全球定位系统(GPS)等所采集的数据是以坐标为基础,可以将其直接导入 GIS 中使用。

表 5 – 3 GIS 的数据类型

分类	原始数据	转换数据
数字化数据	遥感图像(航片、卫片)、仪器测量数据(地面测绘)	各种类型的 GIS 数据库
非数字化数据	文本数据、统计数据、调查报表	纸质地图、专题地图、统计图表

5.2.2.3 数据处理及尺度转换

本书空间自回归分析中使用的数据有多个来源,包括遥感数据、统计数据、数字化地图、观察和测量数据等,各种数据的类型、格式、尺度都不完全相同,为了能使多源数据融入综合研究,需要对不同的数据进行尺度转换,在尺度的转换过程中首先定义一个统一的基础研究单元。本书采用矢量格网进行分析。首先,以矢量格网作为基础研究单元,有利于通过数据叠加(Overlay)、分类区统计(Zonal Statistical)等 GIS 矢量数据和栅格数据的处理方法实现多源数据的融合,使每一个格网可以包含研究所需要的各类信息,从而有利于构建模型;其次,在数据处理过程中网格的数量和位置都可以保持不变,不会产生破碎的斑块,还保证了研究结果具有真正的空间意义。格网分为广义和狭义两种,行政单元的边界则可以被认为是广义的格网,狭义的格网指的是以正方形为基本格网单元的地理格网单元[90],本书利用 ArcGIS 的 create fishnet 功能生成覆盖研究区域、单元格网大小为 1km × 1km、总网格数为 56507 个的矢量格网层,每个格网具有唯一的 ID。

5.2.2.4　社会经济数据的空间化

社会经济数据一般来源于调查和统计，是基于行政界线确定统计范围，而自然地理要素的单元边界一般根据其属性确定，行政边界和自然要素单元的边界通常存在较大的差异，综合研究中，这种基本单元边界的不一致，将导致不能直接获取匹配的数据[91]，也是限制社会经济数据在 GIS 空间分析模型中应用的一个重要原因，因此需要对以行政单元统计的社会经济数据进行尺度转换。对社会经济数据信息转换的过程，通常也是突破行政边界、实现空间化的过程，目前相关研究对社会经济数据空间化的理论和方法进行了较多的探讨和实践。

（1）人口数据的空间化。

人口数据是以行政单元计的，为了使其空间化，许多研究提出了人口数据空间化的一些方法，如定量研究影响人口分布空间因子的回归方法[92]；根据不同土地利用类型与人口分布关系建立的模型反演；建立空间趋势面等空间内插的方法对人口数据进行空间化[93]；根据行政区域与格网叠加并面积加权的方法对人口数据进行转换；基于夜间灯光指数的相关因子回归分析模型等。人口数据空间化的方法总体可以归纳为两类：一是借助人口分布的影响因素，根据人口分布及其影响因素之间的关系建立合适的模型进行模拟与反演；二是根据人口分布的自相关性，运用空间内插等方法对人口数据进行空间化。在对社会经济数据的空间化过程中，所选取的方法应该在满足研究需要的同时还要尽可能地使数据处理结果与实际情况相符合。

在本书中，人口因素作为土地利用格局的一个影响因子将被分析，为了保证人口数据的独立性，其数据尺度的转换采用面域加权（Area Weighting）的方法。面域加权的过程就是通过多边形叠加的方法将目标区和源区叠加，计算各交叉区域的属性值，再按目标区进行计算（见图 5 - 4）[94]。这种方法的优点是计算过程简单，易于通过 GIS 的技术方法实现，不足之处是没有考虑自然、社会经济要素对人口分布的影响，但是在本书中，所使用的人口基础数据是以乡镇作为统计单元的，在一定程度上可以弥补这种缺陷和提高数据转换的精度。

本书以分析格网为目标区，采用基于乡镇行政单元统计的关中地区人口数据，通过面域加权的方法使关中地区人口数据从行政单元向分析格网转换，获得格网化的人口分布数据（见图 5 - 5）。从图中可以看出，基于格网单元的关中地区人口分布，与实际情况较为吻合，基本上反映了关中地区的人口分布格局，能满足其作为定量化，空间化的变量因子的需要。

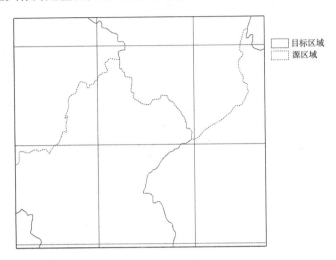

图 5-4 面域加权示意图

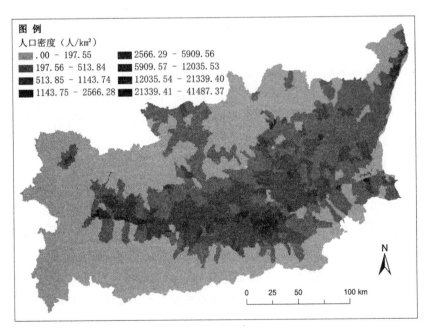

图 5-5 基于格网单元的关中地区人口分布

（2）人均 GDP 数据的空间化。

本书以人均 GDP 作为社会经济的定量指标之一，根据 GDP 统计数据的可获取尺度及研究所需，人均 GDP 数据的空间化采用的是 Kriging 表面插值的方法，其步骤[95]：①将行政区上的人均 GDP（行政区内 GDP 除以人口总数）分配到几何中心点；②由所有行政区几何中心点的人均 GDP 计算得到人均 GDP 的经验半变异值；③ 采用球状模型（Spherical）对经验半变异值进行拟合，得到人均 GDP 的理论半变异函数（Semi-variogram）；④ 基于得到的理论半变异函数，利用行政区中心点的人均 GDP 可以估算得到每个格网单元中心点上的人均 GDP。对于关中地区行政单元上的人均 GDP，需要预先进行 box-cox 正态变换和去趋势面处理，使变换后的数据达到近似二阶平稳，以满足普通 Kriging 空间插值方法对数据条件的二阶平稳性要求。为了降低个别年份 GDP 由于特殊原因产生的波动，人均 GDP 的数据采用的是关中地区 2004 年、2005 年和 2006 年的 3 年平均值，最后通过 Kriging 表面插值的方法对关中地区 GDP 数据进行了空间化（见图 5-6）。

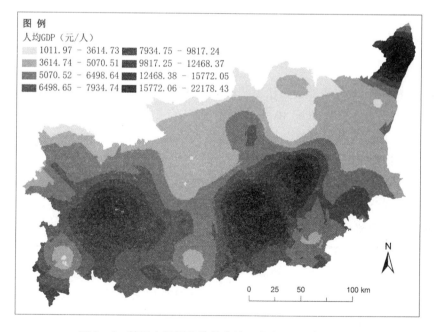

图 5-6 基于空间插值的关中地区人均 GDP 空间分布

5.2.2.5 自然及可达性因素的处理

（1）地形地貌因子。

地形地貌因子是影响区域土地利用格局的重要因素，从宏观上确定了土地利用的类型，地形对关中地区土地利用格局的形成所起的作用是显而易见的，在海拔较低、地势平坦的河谷平原、黄土台塬等地区，主要地类为耕地和建设用地，而林地主要分布在山地区。本书选取了 3 个与地形地貌相关的指标：海拔高度、地形起伏度和坡度。其中海拔高度的空间分布直接来源于数字高程模型（DEM）（见图 5 – 7，附录）；坡度为地面的倾斜程度，也是基本地貌指标之一，利用 ArcGIS 中的〈3D Analyst〉菜单中的〈slope〉（坡度计算功能）对 DEM 进行计算获取（见图 5 – 8，附录）；地形起伏度是指在特定区域内的最高海拔高度和最低海拔高度的差值，牛文元等人采用区域海拔高差和全国海拔高差之比与区域非平地比例的乘积度量了中国分省的地形起伏度，所计算的结果为 0 ~ 0. 45 之间[96]，本书借鉴这种地形起伏度的计算方法，对关中地区地形起伏度进行了计算。对地形起伏度的计算通过对数字高程模型（DEM）进行邻域分析获取，计算模型为[97]：

$$RDLS = ALT/1000 + \{[Max(h) - Min(h)] \times [1 - P(A)/A]\}/500 \qquad (5-9)$$

其中，RDLS 代表地形起伏度，ALT 为以某一栅格单元为中心一定区域内的平均海拔（m）；Max(h) 和 Min(h) 分别为区域内的最高与最低海拔（m）；P(A) 为区域内的平地面积（km^2）；A 为区域总面积，如确定大小为 1km × 1km 的栅格为提取单元，则 A 值为 $1km^2$。

具体方法为在 ArcGIS 中的〈spatial analysis〉菜单的〈neighborhood statistics〉，邻域分析窗口有矩形、环形、圆形和楔形 4 种，研究采用的是半径为 1km 的圆作为邻域分析窗口，分别统计出平均海拔、最高海拔和最低海拔，在研究中认为坡度≤5°的区域为平地并利用坡度图提取。最后按照地形起伏度的计算模型对栅格图层进行运算，计算出关中地区地形起伏度的分布图（见图 5 – 9，附录）。从关中地形起伏度的分布情况可以看出，地形起伏度范围为 0. 32 ~ 5. 34，其中平原地区地表起伏最小，其次为渭北黄土高原地区，秦岭山地区的平均地表起伏则最大。

（2）气象因子。

研究中所选取的气象因子包括年均降雨量和年均温两个指标，关中地区年均降雨量和年均温的空间分布是通过对气象站点的观测数据空间插值获得。空间插值的过程是利用已知点的数值来估算其他点的数值，其本质是通过空间建模生成充分逼近要素空间分布特征的函数方程[98]，地理要素的局部插值方法主要为克里格插值（Kriging）、样条插值（Spling）和反距离权重插值（IDW）等。本研究通过对多种插值方法生成的结果进行比较发现，样条插值获取的结果与实际情况最为吻合，因此使用样条插值的方法进行降雨量插值。为了保证研究区边界的空间插值精度，所使用的站点数据除研究区内的，还包括研究区外相邻的部分站点，最后利用行政区域裁切空间插值的结果以获取研究区的降雨量和气温空间分布图（见图 5 - 10、图 5 - 11，附录）。

（3）土壤表层有机质及养分含量。

有机质是土壤的重要组成部分，也是土壤养分和肥力的重要来源，土壤有机质及养分含量与土地利用结构也有着密切的联系。本研究中土壤表层有机质含量及土壤养分的空间分布数据，是基于关中地区的土壤类型和土壤质地数字化图，并参考陕西省土壤普查结果中各种土壤类型所含有的土壤有机质含量和 N、P、K 等养分含量赋值获取的（见图 5 - 12，附录）。关中地区土壤有机质含量最高的地区位于秦岭山地区，该区域由于被森林所覆盖，并且随着海拔高度增加，气温逐渐降低，而降水量逐渐增多，有利于土壤有机质的积累。

（4）可达性因子。

关中地区道路交通发达，城镇密度较高，水系河流分布较广，这些因素对土地利用的格局将会产生一定影响。不论是点状的居民点、城镇，还是线状的道路、河流以及面状的水域，不仅其自身具有土地类型属性，更为重要的是，这些要素对周边相邻地区土利利用产生影响，并且随着距离的远近，其影响程度可能会出现衰减或增强。为了分析道路、河流、面状水域等因素对土地利用格局的影响，采取了定量分析这些要素的不同距离范围内土地利用格局，即可达性因素造成的土地利用差异。可达性因子包括研究区域内各点到最近的河流、主要道路、居民点等源单元的最近距离，定量计算过程中利用 GIS 空间分析功能中的最小欧氏距离（minimum Euclidean distance）算法，生成研究区域内各点到、城镇、道路、面状水域的"距离渐变图"（见图 5 - 13，图 5 - 14，图 5 - 15，附录）。其中道路因子包括的是乡镇以上的道路，面状水域包括的是天然和人工湖泊、水面较宽的主干河流。

（5）水文因子。

水文因子中所选取的定量指标为河网密度，河网可以为生产和居民生活提供用水，对地表的景观破碎度也产生着影响，从而影响着土地利用的格局。对河网密度的计算是采用分析格网对河流长度进行叠加和统计，以获取每个格网内线状河流的长度（见图 5 – 16，附录），河网密度可以反映出地表水资源的丰度。

5.2.3 模型变量数据的处理

在对土地利用格局与各个因子的空间回归分析中，作为变量的各种土地利用类型的面积和空间分布信息，也需要通过数据转换以纳入模型。对变量数据的处理方法为分析每个单元格网中各种土地利用类型所占的面积，将解译获取的 2005 年土地利用矢量数据与分析格网进行叠置分析（union），并基于格网单元进行统计得到每个格网的 ID、土地利用类型属性及相应的面积（见图 5 – 17）。

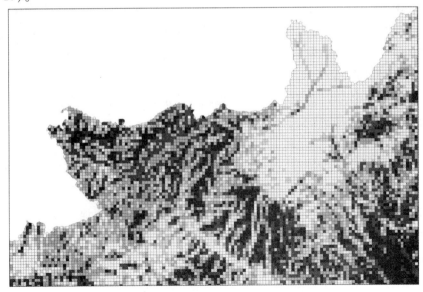

图 5 – 17　变量数据处理结果（以耕地为例）

通过对变量和自变量数据的处理，建立了土地利用格局空间相关性分析的数据库，并采用分类区统计（Zonal Statistical）对栅格数据进行叠加，统计出每一个格网中各个因子的均值，对矢量数据则采用叠加分析的方法，统计每个格网中矢量数据的值，通过这些方法，每一个单元格网都包含着变量和自变量的数据（见图 5-18），并建立相应的属性数据库。

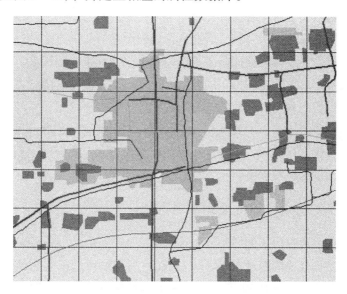

图 5-18　包含变量与自变量要素的网格

5.2.4　回归分析中变量的共线性问题

在回归分析中，虽然各自变量对因变量都具有意义，但某些变量之间可能会存在着相关性，即变量的共线性问题。变量之间共线性问题的存在，可以导致模型估计结果的偏差，回归分析的结果与实际不相符，因此在进行回归分析之前，需要对变量的共线性进行诊断，如存在共线性，则需要采取相应的方法去除或者减少变量之间的共线性。许多研究对此进行了探讨，包括使用逐步回归去掉不显著的因子，其中偏最小二乘回归方法[99]和主成分回归等方法可以较好地去除变量共线性。主成分分析是通过提取一组不相关的因子以取代原有的具有相关性的因子，并保持最大的信息量，由于各个主成分具有不相关性，并且能较好地反映出原来众多相关指标的综合信息。主成分分析和回归分析是两种不同的分析方法，通过两者的结合，能很好地去除变量之间的共线性现象。

5.2.5 空间自回归分析结果

在利用回归模型对土地类型与各个影响因素的关系进行定量分析的过程中，经常采用经典线性回归和空间滞后回归模型相对比的方法进行分析。空间滞后回归分析是在经典线性回归分析的基础上，增加了空间权重矩阵，考虑了空间自相关对土地类型空间分布的影响。此外，通过使用这两种方法进行对比研究，可以定量地为空间滞后回归分析的效应提供参考依据。

对回归模型的比较，主要从相关系数对影响因素进行分析，另外可以从模型拟合度的参数进行比较，以确定在经典回归模型和空间滞后模型中，各个影响因素对于变量的解释程度。

5.2.5.1 耕地空间自回归分析

耕地和各个影响因子的回归分析结果如表5-4所示，在经典回归模型中，与耕地空间分布有关的因素有12个，而在空间滞后回归模型的结果中，与耕地空间分布有关的因素有10个，其他两个因素在空间滞后模型中则变得不显著。耕地与距道路距离因素的相关性较强，呈负相关，距离道路越近，耕地数量就越多，因为道路建设经常与耕地紧密联系，关中平原地区的耕地也常分布于道路两旁，人均GDP较高的区域，通常是社会经济较为发达、建设用地分布较高的区域，因此耕地分布的较少。

表5-4　　　　耕地的自回归模型分析结果

变量	经典回归模型				空间滞后模型			
	相关系数	标准差	T值	P值	相关系数	标准差	Z值	P值
					$\rho=0.83193$	0.003	281.8856	0
常数	0.598853	0.0144	41.512	0	0.032268	0.0093	3.4767	0.0005
人均GDP	-0.000004	0	-9.2869	0	0			
距道路距离	-0.000028	0	-18.1318	0	-0.000018	0	-18.1946	0

变量	经典回归模型				空间滞后模型			
	相关系数	标准差	T 值	P 值	相关系数	标准差	Z 值	P 值
地形起伏度	− 0.079493	0.0048	− 16.5955	0	− 0.084957	0.0074	− 11.4213	0
年均温	0.025303	0.0007	33.8656	0	0.0064	0.0005	12.9801	0
年均降水	0.000035	0	1.9208	0.0043	0.000107	0	9.1514	0
距面状水域距离	− 0.000001	0	− 6.5286	0				
坡度	− 0.025169	0.0004	− 63.8221	0	− 0.009655	0.0003	− 37.6492	0
距城镇距离	− 0.000016	0	− 40.5872	0	− 0.000003	0	− 11.2184	0
海拔	− 0.000244	0	− 28.2003	0	− 0.000088	0	− 15.9213	0
有机质含量	0.011314	0.0009	12.8969	0	0.001928	0.0006	3.4226	0.0006
人口密度	− 0.000037	0	− 28.7928	0	− 0.000011	0	− 13.6308	0
河网密度	− 0.017134	0.0015	− 11.2921	0	− 0.010727	0.001	− 11.0059	0
模型检验	$R^2 = 0.600612$；LIK = 552.034；AIC = − 1078.07；SC = − 961.82				$R^2 = 0.835774$；LIK = 21797.2；AIC = − 43566.3；SC = − 43441.2			

5.2.5.2　林地空间自回归分析

林地与各影响因子的回归分析结果如表 5 - 5 所示，根据分析结果可以看出，计算出的空间滞后模型的部分因子的回归系数要小于经典回归模型的回归系数，主要是由于空间滞后模型考虑了土地利用空间自相关因素的存在。在经典回归模型中，与林地的空间分布相关的指标有 12 个年均降水量、有机质含量，在空间滞后模型中，与林地的空间分布相关的指标有 11 个，距面状水域距离年均降水量、有机质含量指标在空间滞后回归模型中变得不显著（ P > 0.05），不显著的影响因子在空间滞后回归模型中将被剔除，空间滞后回归模型的 LIK 值为 24926.3，大于经典回归模型的 − 82.9169，AIC 和 SC 值则相对较低，因此也符合相关研究所得出的相似研究结论。

表 5-5   林地的自回归模型分析结果

变量	经典回归模型				空间滞后模型			
	相关系数	标准差	T 值	P 值	相关系数	标准差	Z 值	P 值
					$\rho=0.869538$	0.0026	335.8835	0
常数	-0.317022	0.0146	-21.7302	0	-0.107818	0.0087	-12.3526	0
人均 GDP	-0.000006	0	-14.9398	0	-0.000001	0	-3.8793	0.0001
距道路距离	0.000011	0	7.095	0	0.000009	0	10.0327	0
地形起伏度	0.077008	0.0045	17.2067	0	0.045377	0.0075	6.0321	0
年均温	0.001595	0.0008	2.1106	0.0348	0.004835	0.0005	10.7431	0
年均降水	0.000201	0	10.9544	0				
距面状水域距离	0	0	-4.0265	0.0001				
坡度	0.009864	0.0004	24.7322	0	0.006485	0.0002	27.2183	0
距城镇距离	0.000018	0	45.6604	0	0.000001	0	3.3447	0.0008
海拔	0.000117	0	13.3674	0	0.000107	0	20.6193	0
有机质含量	0.006725	0.0009	7.5799	0				
人口密度	-0.000002	0	-1.4698	0.1415	-0.000002	0	-2.1736	0.0297
河网密度	-0.002079	0.0015	-1.3551	0.1755	-0.007614	0.0009	-8.3541	0
模型检验	$R^2=0.50366$；LIK $=-82.9169$； AIC $=191.834$；SC $=308.081$				$R^2=0.824859$；LIK $=24926.3$； AIC $=-49824.5$；SC $=-49699.3$			

5.2.5.3 草地空间自回归分析

通过对影响草地空间分布格局的可能影响因子进行数据预处理，筛选出主要影响因子进行回归分析，分析结果表明，地形起伏度、年均温、坡度等 10 个因子与沙地的空间分布具有一定的相关性，其中坡度、地形起伏度、年均温和有机质含量等因子的相关系数较高（见表 5-6）。

表 5 - 6　　　　　　　　　草地的自回归模型分析结果

变量	经典回归模型				空间滞后模型			
	相关系数	标准差	T 值	P 值	相关系数	标准差	Z 值	P 值
					ρ = 0.851384	0.0028	307.0484	0
常数	0.448943	0.0161	27.9714	0	0.053501	0.01	5.371	0
人均 GDP	- 0.000008	0	- 18.1373	0	- 0.000001	0	- 5.0448	0
距道路距离	0.000004	0	3.83	0.0001				
地形起伏度	- 0.309118	0.0083	- 37.3514	0	- 0.136199	0.0051	- 26.6866	0
年均温	- 0.016396	0.0008	- 19.7239	0	- 0.001584	0.0005	- 3.0783	0.0021
年均降水	- 0.000156	0	- 7.7135	0	- 0.000046	0	- 3.7167	0.0002
距面状水域距离	0	0	0.4872	0.6273				
坡度	0.028719	0.0004	65.4539	0	0.010797	0.0003	39.2451	0
距城镇距离	- 0.000009	0	- 20.2942	0	- 0.000001	0	- 5.087	0
海拔	0.000391	0	40.6706	0	0.000132	0	22.1595	0
有机质含量	- 0.026794	0.001	- 27.4517	0	- 0.003789	0.0006	- 6.2492	0
人口密度	- 0.000014	0	- 9.9116	0				
河网密度	0.03266	0.0017	19.3468	0	0.021679	0.001	20.7608	0
模型检验	$R^2 = 0.214731$；LIK = - 5476.23；AIC = 10978.5；SC = 11094.7				$R^2 = 0.701690$；LIK = 17728.9；AIC = - 35429.9；SC = - 35304.7			

5.2.5.4　建设用地空间自回归分析

通过对关中地区建设用地和各个主要影响因素的回归分析结果可以看出（见表 5 - 7），与建设用地有关的影响因素主要包括距道路距离、地形起伏度、坡度、海拔、有机质、河网密度和人口密度等。

表 5 – 7　　　　　　　　　　建设用地的自回归模型分析结果

变量	经典回归模型				空间滞后模型			
	相关系数	标准差	T 值	P 值	相关系数	标准差	Z 值	P 值
					ρ = 0.684085	0.0044	157.1042	0
常数	– 0.0412	0.0055	– 7.4553	0	– 0.015762	0.0045	– 3.4823	0.0005
人均 GDP	0.000006	0	42.347	0	0.000002	0	14.8017	0
距道路距离	– 0.000012	0	– 20.228	0	– 0.000008	0	– 17.2659	0
地形起伏度	– 0.017192	0.0023	– 7.3732	0	– 0.025748	0.0028	– 29.0358	0
年均温	0.002994	0.0003	10.4618	0	0.001188	0.0002	5.0605	0
年均降水	0.000082	0	11.7734	0	0.000033	0	5.8408	0
距面状水域距离	0	0	– 0.186	0.8544				
坡度	– 0.003885	0.0002	– 25.716	0	– 0.001816	0.0001	– 14.6628	0
距城镇距离	– 0.000003	0	– 19.3454	0	– 0.000001	0	– 9.4732	0
海拔	– 0.000037	0	– 11.0826	0	– 0.000017	0	– 6.2835	0
有机质含量	0.003806	0.0003	11.3248	0	0.001434	0.0003	5.2041	0
人口密度	0.000059	0	119.4704	0	0.000021	0	46.764	0
河网密度	– 0.011035	0.0006	– 18.9851	0	– 0.00754	0.0005	– 15.8145	0
模型检验	$R^2 = 0.394089$；LIK = 54771.2；AIC = – 109516；SC = – 109400				$R^2 = 0.594326$；LIK = 63828；AIC = – 127628；SC = – 127503			

5.2.5.5　水域空间自回归分析

通过对水域及其影响因子的回归分析，筛选出主要的影响因子进行回归分析，分析的结果表明，有距道路距离、地形起伏度、年均温等 10 个因子与水域的空间分布具有一定的相关性，其中河网密度、地形起伏、年均温等因子具有较高的相关系数（见表 5 – 8）。

表 5 - 8　　　　　　　　　　　　水域的自回归模型分析结果

变量	经典回归模型				空间滞后模型			
	相关系数	标准差	T 值	P 值	相关系数	标准差	Z 值	P 值
					ρ = 0.764357	0.0037	205.9223	0
常数	− 0.023989	0.0035	− 6.8866	0	− 0.01881	0.0026	− 7.2631	0
人均 GDP	0	0	3.0571	0.0022				
距道路距离	0.000008	0	22.6052	0	0.000003	0	10.2568	0
地形起伏度	0.002489	0.0018	1.3855	0.1659	0.003563	0.0013	2.6755	0.0075
年均温	0.002376	0.0002	13.1669	0	0.000858	0.0001	6.3776	0
年均降水	0	0	0.024	1	0.000006	0	1.9544	0.0507
距面状水域距离	− 0.00325	0	− 8.745	0	− 0.01231	0.0026	− 7.2631	0
坡度	− 0.000531	0.0001	− 5.5746	0	− 0.000434	0.0001	− 6.1421	0
距城镇距离	0.000001	0	9.5319	0				
海拔	− 0.000014	0	− 6.6039	0	− 0.000002	0	− 1.3529	0.1761
有机质含量	0.000655	0.0002	3.091	0.002	0.000157	0.0002	1.0021	0.3163
人口密度	− 0.000002	0	− 5.2628	0	0	0	− 0.5648	0.5722
河网密度	0.015178	0.0004	41.4262	0	0.011535	0.0003	41.9393	0
模型检验	R^2 = 0.070453；LIK = 80848.5；AIC = − 161671；SC = − 161555				R^2 = 0.488793；LIK = 94700；AIC = − 189372；SC = − 189247			

5.2.5.6　沙地空间自回归分析

通过对影响沙地空间分布格局的可能影响因子进行数据预处理，筛选出主要的影响因子进行回归分析，分析结果表明，有机质含量、河网密度、人口密度等 8 个因子与沙地的空间分布具有一定的相关性，其中河网密度、地形起伏度、年均温等因子具有较高的相关系数（见表 5 - 9）。

表 5 – 9　　　　　　　　　　　　沙地的自回归模型分析结果

变量	经典回归模型				空间滞后模型			
	相关系数	标准差	T 值	P 值	相关系数	标准差	Z 值	P 值
					ρ = 0.8229666	0.003	253.825	0
常数	− 0.00399275	0.001	− 3.062	0.002	− 0.00069849	0.001	− 0.786	0.032
有机质含量	− 0.00007367	0	− 0.88	0.379	− 0.00001746	0	− 0.306	0.76
河网密度	− 0.00108123	0	− 7.443	0	− 0.00026106	0	− 2.637	0.008
人口密度	− 0.00000024	0	− 1.95	0.051	− 0.00000005	0	− 1.421	0.048
人均 GDP	− 0.00000029	0	− 7.891	0	− 0.00000005	0	− 1.433	0.032
地形起伏度	− 0.00026158	0	− 0.813	0.417	− 0.00006038	0	− 0.275	0.783
年均温	0.00088012	0	13.224	0	0.00015746	0	3.466	0.001
年均降水	− 0.00000339	0	− 1.978	0.048	− 0.00000056	0	− 0.482	0.63
坡度	− 0.00001468	0	− 0.516	0.606	− 0.00000132	0	− 0.068	0.946
模型检验	R^2 = 0.007266；LIK = 132644；AIC = − 265269；SC = − 265189				R^2 = 0.538885；LIK = 150566；AIC = − 301113；SC = − 301023			

5.2.5.7　滩地空间自回归分析

滩地的分布具有一定的特殊性，主要分布在河湖的边缘地区，总体上处于较为分散的状态，根据回归分析的结果（见表 5 – 10），与滩地的空间分布影响较大的因素主要包括地形起伏度、年均温、年均降水、坡度和河网密度。但其中人均 GDP、距城镇距离海拔、有机质含量、人口密度等因素在空间滞后回归分析中变得不显著被剔除。

表 5 – 10　　　　　　　　　　　　滩地的自回归模型分析结果

变量	经典回归模型				空间滞后模型			
	相关系数	标准差	T 值	P 值	相关系数	标准差	Z 值	P 值
					ρ = 0.684238	0.0045	152.5013	0
常数	− 0.007887	0.0022	− 3.5069	0.0005	− 0.009823	0.0018	− 5.3293	0
人均 GDP	0	0	0.1432	0.887				
距道路距离	0.000003	0	13.9869	0	0.000001	0	6.5766	0

续表

	经典回归模型				空间滞后模型			
变量	相关系数	标准差	T 值	P 值	相关系数	标准差	Z 值	P 值
地形起伏度	0.003839	0.0012	3.3107	0.0009	0.002475	0.0009	2.6072	0.0091
年均温	0.000177	0.0001	1.5178	0.1291	0.000236	0.0001	2.475	0.0133
年均降水	0.000014	0	5.1171	0	0.000009	0	3.8363	0.0001
坡度	−0.000492	0.0001	−8.0016	0	−0.000316	0.0001	−6.2673	0
距城镇距离	0	0	2.6704	0.0076				
海拔	−0.000007	0	−4.9396	0				
有机质含量	−0.000094	0.0001	−0.6899	0.4908				
人口密度	0	0	−2.1138	0.0032				
河网密度	0.008268	0.0002	34.9534	0	0.006157	0.0002	31.5945	0
模型检验	$R^2 = 0.035498$；LIK = 105577；AIC = −211127；SC = −211011				$R^2 = 0.353355$；LIK = 114594；AIC = −229159；SC = −229034			

5.2.5.8 未利用地空间自回归分析

未利用地的空间自回归分析的结果如表 5-11 所示，与其空间分布相关的主要因素包括地形起伏、有机质含量和河网密度等。

表 5-11　　　　　　　　未利用地的自回归模型分析结果

	经典回归模型				空间滞后模型			
变量	相关系数	标准差	T 值	P 值	相关系数	标准差	Z 值	P 值
					$\rho = 0.820956$	0.0033	251.5138	0
常数	0.004728	0.0009	5.2635	0	−0.000041	0.0006	−0.0644	0.0087
人均 GDP	0	0	−0.5222	0.6015				
距道路距离	0	0	0.821	0.4118				
地形起伏度	0.002234	0.0005	4.8221	0	−0.000576	0.0003	−1.7646	0.0776
年均温	−0.000403	0	−8.6699	0	−0.000021	0	−0.6462	0.5181
年均降水	0.000003	0	2.2646	0.0235	0	0	0.5038	0.6144

续表

变量	经典回归模型				空间滞后模型			
	相关系数	标准差	T 值	P 值	相关系数	标准差	Z 值	P 值
距面状水域距离	0	0	-7.1541	0				
坡度	0.000022	0	0.9087	0.3637	0.000046	0	2.6311	0.0085
距城镇距离	0	0	4.6909	0				
海拔	0.000004	0	8.0542	0	0.000001	0	1.4313	0.1524
有机质含量	0.000163	0.0001	2.9819	0.0029	0.000032	0	0.8408	0.4005
人口密度	0	0	1.967	0.0492				
河网密度	-0.000182	0.0001	-1.9294	0.0042	-0.000027	0.0001	-0.4047	0.6857
模型检验	$R^2 = 0.005469$；LIK $= 157429$；AIC $= -314832$；SC $= -314716$				$R^2 = 0.505201$；LIK $= 173437$；AIC $= -346847$；SC $= -346721$			

5.2.6 空间回归分析的残差

残差是观测值与预测值之差，通过对残差进行分析可以进一步确定模型的拟合程度，研究采用了经典回归和空间滞后回归两种模型对土地利用空间格局与影响因素进行了分析，从而也得出了两种回归分析的残差的空间分布。

研究以林地的空间回归分析所得出的残差为例，对比两种回归分析残差分布图可以看出（见图 5 - 19），空间滞后回归模型的残差要小于经典线性回归

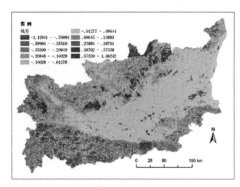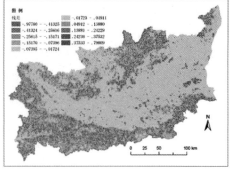

图 5 - 19　2005 年林地的经典线性回归模型（左）与空间滞后回归模型残差（右）

模型，表明经典回归模型在一定程度上具有一定的解释能力，但是由于没有考虑到自相关的影响，解释的还是不够全面，而空间滞后回归模型的拟合效果更好，显示出空间滞后回归模型的解释能力要强一些。

5.3
小　　结

本章对影响土地利用格局的因子进行了空间化处理，使其能被应用于空间分析和空间叠加分析等研究中，并基于矢量格网单元对不同分辨率和来源的数据进行了融合处理，首先对格网化的各种土地利用类型的空间自相关性进行了分析，然后在此基础上，运用经典回归模型和空间滞后回归模型研究土地利用与影响因子之间的定量关系。研究结果表明：

（1）通过格网的数据处理方法，能够较好地实现多源数据的融合，可以为土地利用格局的空间相关性研究提供数据支持。

（2）关中地区各种土地利用类型表现出较强的正空间自相关现象，从使用不同空间距离权重矩阵计算得出的各种土地利用类型的空间自相关指数可以看出，草地和耕地的空间自相关性要强于其他土地利用类型，未利用地的空间自相关性最弱。在不同的距离范围内，其自相关性都表现出了较大的差异性，随着距离范围的增加，空间自相关指数呈现出先增加、后减少的趋势。

（3）通过采用经典回归和空间滞后回归模型进行的土地利用空间格局相关性分析结果表明，空间滞后回归模型的解释程度相对更强。一些影响作用不明显的因子在空间滞后回归模型中将被剔除，对于各种土地利用类型的空间分布的主导因子也不尽相同，影响各类土地空间布局的关键因子及其作用机理被有效提取和分析。

第6章

关中地区土地适宜性评价

    区域土地优化配置不仅要求宏观土地利用数量结构的优化，也要保证土地利用结构空间布局趋于优化[100]，土地利用的空间优化首先需要满足的就是因地制宜的原则，其实质是根据各种类型的土地适宜性进行空间上的分配，因此土地适宜性评价也是土地优化配置的基础[101]。20世纪90年代开始，我国一些学者就对土地适宜性评价与土地资源空间配置的关系进行了分析，认为土地资源空间优化布局的前提和关键是根据土地资源的特征、利用前景及限制因素，对区域土地资源进行科学分类和评价，进而将土地资源配置到最适宜的区位上[102]。

    土地适宜性评价就是以土地类型和土地利用现状为基础，评定土地对于某种用途是否适宜以及适宜的程度，它是进行土地利用决策、科学地编制土地利用规划的基本依据，也是通过对土地的自然、经济属性的综合评定，阐明土地属性所具有的生产潜力，以及对农、林、牧、渔等各业的适宜性、限制性及其程度差异的评定。联合国粮农组织（FAO）1976年出版了《土地评价大纲》，许多国家由此开始了大规模的综合性的土地评价，1993年，FAO出版了《土地利用规划指南》，为世界各国的土地评价提供了指导性纲领，许多国家在此纲领的指导下，积极科学地开展了土地评价工作。我国从20世纪50年代起，就开展了较大规模的土地适宜性评价，20世纪70年代后期，随着FAO《土地评价大纲》的引入，更大规模、比较综合性的土地适宜性也由此开始[103]，至目前，土地适宜性评价的成果为我国生态环境的改善和社会经济的可持续发展作出了较大贡献，其评价理论和方法也取得了很大的进展。

　　土地适宜性评价对象从主要为农业用地发展到多种用地，包括了建设用地、林地、草地等，为土地利用的总体规划和优化提供了依据，而对城市内部各种细分类型的土地适宜性评价也逐渐展开，为城市土地集约利用提供了依据；对各种特殊区域的土地适宜性评价也广泛地进行，如对生态脆弱区、旅游区的适宜性评价，旅游区的适宜性评价主要集中在气候适宜性和旅游区生态环境适宜性方面，而对于旅游开发的时空适宜性评价也有所探讨和研究[104]；对单一用途的土地利用类型的适宜性评价也继续深入，如对晋西黄土丘陵区刺槐林的生态适宜性，确立了刺槐林的最适种植区[105]，对暖温带茶树的种植适宜性评价、对北京市板栗的种植适宜性评价、对浙江杨梅的种植适宜性进行评价等，这些研究为特色农业的发展提供了科学依据，促进了农业的生产和发展。

　　土地适宜性评价的方法与技术发展迅速。1969 年，McHarg 首次将 GIS 技术应用于土地适宜性评价中[106]，地理信息系统技术和方法的迅速发展极大地推动了适宜性评价技术的应用和发展。在土地利用适宜性评价中涉及自然要素、社会经济要素及其空间定位信息，需要进行大量复杂的计算，依靠传统的计算分析方法完成这些工作，费时费力，而且容易出错，精度和准确性难以保证，GIS 强大的空间分析功能可以使土地适宜性评价中的各项因素定量化表达并且使其精确空间定位，具有空间数据和属性数据的地理信息系统较能很好地满足土地适宜性评价对"空间—属性"一体化的要求，此外，地理信息系统的强大可视化功能可以直观地对评价结果进行表达。近年来，景观生态学理论在土地利用研究中得到了广泛的应用，土地利用生态适宜性评价中，也把生态规划的思想和方法应用于适宜性评价，通过生态要素对土地利用方式的适宜性程度进行了评价[107]，丰富了土地利用适宜性的研究理论。土地适宜性评价是一个非常复杂的过程，本书在对关中地区土地优化的过程中，首先对关中地区主要土地类型的适宜性进行评价，为关中地区土地优化配置提供背景依据。

6.1

适宜性评价的主要方法

6.1.1 模型概述

土地适宜性评价的过程中，许多研究方法和模型相应地被提出和使用，并取得了很好的研究效果。上地适宜性评价的方法和模型归纳起来主要有以下几种：统计分析模型、生态位适宜度模型、模糊综合评判模型、多因素加权综合评价模型、多目标土地适宜性评价模型、人工智能模型以及改进的适宜性评价模型等，这些模型在因子的选取和评价技术手段方面都存在一定的差异。

6.1.1.1 统计分析模型

统计分析模型是在分析土地适宜性评价的各项因素的基础上，运用统计学方法对其进行综合的评价，如主成分分析法、聚类分析法[108]、回归分析方法、层次分析法、灰色关联度分析法等，这些方法的引入使土地评价逐步实现了由定性向定量的重要转变。

6.1.1.2 生态位适宜度模型

生态位是生物的空间位置及其在生物群落中的功能地位，还包括生物在环境空间的位置（Grinell and Hutchinson），此模型是针对传统土地适宜性评价理论体系和方法的不足，把生态学理论和方法引入评价之中，土地生态位适宜度的评价模型的主要思想是区域的发展需要以资源为基础，对资源的需求可以构成资源需求生态位，而区域现状资源也可以构成对应的资源空间，两者之间的匹配关系，反映了区域现状资源条件对发展的适宜性程度，通过用生态位适宜度的估计来对其度量[109]。

6.1.1.3 模糊综合评判模型

模糊综合评判模型是在土地适宜性的评价过程中，考虑到评价指标和综合评价结果没有明显的等级划分，其界限是模糊的，特别是自然要素，因此可以采用模糊数学方法对各个评价指标进行分级，并进行综合评判。模糊综合评价是将定量与定性分析、精确分析与不确定性分析相结合，模型简单、计算方便，因而在土地资源评价中已得到应用[110]。在模糊评价方法的使用过程中，可以用隶属度函数对等级进行划分，能够客观地体现出界线的模糊性，平滑了标准界线两边的跳跃性，也可用隶属度来描述评价区域的适宜状态[111]。采用模糊综合评判方法可以使土地评价过程更加客观，避免了过多主观因素的介入。

6.1.1.4　多因素加权综合评价模型

多因素加权综合评价模型主要选取与评价对象相关的多个因素，对各个因素的值进行标准化处理和加权叠加分析，获得土地评价的综合结果，在运用多因素综合评价模型对土地适宜性进行评价的过程中，各个影响因素的值越高，综合评价的结果就越高，此模型与 GIS 的结合，利用其数据分级功能能够直接根据评价结果进行分等定级。

6.1.1.5　多目标适宜性评价模型

多目标适宜性评价是针对每一个评价单元，选择不同的土地利用类型为评价目标，根据土地质量的差异，以及不同土地利用方式的生态、社会的需求，分析土地适宜性的过程，对于特定区域内的不同的土地利用类型，都可以找出影响其土地自然适宜性的主导因素，这些主导因素反映了土地的特性或土地的质量，从而决定了某种土地类型的适宜性[112]。通过对主导因素的分析，可以减少土地评价过程中的工作量，并且容易抓住主要问题。

6.1.1.6　人工智能模型

空间信息技术的发展为土地适宜性评价提供了新的方法，包括人工神经网络（ANN）、元胞自动机（CA）、遗传算法（GA）、退火算法（AA）等人工智能模型都被引入土地适宜性评价之中。

人工神经网络是通过模仿生物神经系统的功能和结构而发展起来的一种新型信息处理技术，可用于解决识别和感知、评判和决策等复杂问题，而土地适宜性评价本质上是根据多个因素对其用途进行评判，因此，近年来，人工神经网络模型也逐渐被引入应用于土地适宜性评价中[113,114]。

元胞自动机（CA）由 Ulam 在 20 世纪 40 年代提出，是一种时间、空间、状态都离散，空间相互作用和时间因果关系都为局部的网格动力学模型，它具有模拟复杂系统时空演化过程的能力（周成虎，1999），利用元胞自动机模型进行土地适宜性评价是利用土地利用的约束性条件对其进行评价并模拟，能够反映土地利用规划的全过程[115]。

遗传算法是基于自然选择和自然遗传的搜索算法，通过遗传算法可以进行土地最适宜性选择。

人工智能包括所有能够辅助人们在模拟决策中的计算技术，与其他方法所不同的是，该方法能较好地容忍不确定性、模糊性以及不准确性[116]。

6.1.1.7 改进的适宜性评价模型

针对传统土地适宜性评价模型中因素选取和分析中的不足，一些模型对此进行了修正，我们可以称其为改进的适宜性评价模型，在此类模型中，通过对限制性条件和社会经济要素等对土地适宜性影响的深入分析，使评价结果变得更加客观和全面。如基于"生态—经济"适宜性分区模型、"潜力—限制"适宜性评价模型。

传统的土地评价所选取的评价要素主要为自然生态因素，而对于社会经济因素考虑得较少，实际上，土地不只包括自然生态属性，还包括社会经济属性，区域的社会经济水平既是土地长期利用和产出的集中表现，也是区域土地利用与规划的基础。在"生态—经济"适宜性分区模型中，通过对生态和经济方面的因素进行量化分析并结合 GIS 技术，评价各单元的适宜开发强度，将评价区域划分为具有不同空间开发强度的类型区，从而可以合理地引导尽可能多的社会经济活动配置在低成本、高需求的地区，以地区优势换取区域竞争力；同时，又约束和控制生态价值高、开发难度大的区域的社会经济活动强度，从总体地域上促进区域协调发展以及经济社会与资源环境的均衡[117]。社会经济等因素被引入土地适宜性评价中，能使土地适宜性综合评价考虑得更为全面，但是由于这些因素可变性较大，对评价结果的可靠程度和持久性也会造成一定的影响[118]，并且由于社会经济数据统计口径的不一致，对评价造成了一定的难度，对此可以采用分层次分范围进行研究[119]。

"潜力—限制"评价模型是针对土地适宜性评价模型中每个因素对生态适宜性的贡献非常复杂的情况，既有正面也有负面影响，有些因素对某种土地利用构成绝对限制，有些则构成发展潜力，采用统一的评分标准，则只考虑了量的差异，而没有考虑质的差异，"潜力—限制"评价模型的基本原理是借鉴损益分析法（Cost-benefit Analysis）和生态足迹的思路，即把影响变量分为生态潜力和生态限制性两大类，生态适宜性可以看作生态潜力扣除生态限制性的剩余[120]。

6.1.2　综合评价模型

在对土地利用适宜性评价模型的选取过程中，应该根据评价对象的特征以及研究目的选择合适的模型，此外，还可以充分利用各种模型的优点，实行多种模型相结合的方法进行评价研究。本书将在对各种土地利用类型的空间分布决策分析的基础上，采用 GIS 的多因素叠加分析的方法和技术，对关中地区主要土地利用类型的适宜性进行综合评价研究，综合评价模型的表达式为：

$$y = \sum_{i=1}^{n} x_i w_i \qquad (6-1)$$

其中，y 为土地适宜性评价综合值，x_i 和 w_i 分别为各个评价因子的定量化值及相应的权重值。研究过程中的综合评价采用的是 ArcGIS 中 Arctoolbox 中的栅格数据的"加权叠加"分析工具（Weighted Overlay）。通过对权重大小不一的各个评价因子栅格图层进行叠加，从而获取每种土地类型的适宜性空间分布图。

6.2
评价指标体系的构建

土地适宜性评价体系的构建包括两方面内容：一是评价因子的选择；二是评价标准的确定。

6.2.1　评价因子的选取

评价因子的选取是否合理直接关系到评价结果的科学性和可靠性，涉及土地评价的因素众多，需要搜集和处理大量相关的数据，工作复杂而艰巨，因此可以从这些复杂的因素中选取对评价结果具有明显意义的因子参与评价。根据土地适宜性评价的相关研究成果[121]，因子的选择应遵循以下原则：

（1）目的性原则。

研究中的评价对象为各种土地利用类型，所选取的评价因子应能直接或间接与相应的评价对象有关。

（2）系统性原则。

土地是自然生态和社会经济相结合的综合系统，由众多要素组成，进行土地适宜性评价应综合考虑自然生态因素和社会经济因素，能完整、全面地体现区域土地特征。

（3）主导因素原则。

选取因子不宜过多，应去粗存精选取最能直接影响土地评价的因子，突出主导因素对土地生态环境异化的影响；并判断是否有单个因子的适宜等级是否不适宜，如果不适宜，则整体不适宜，否则继续进行综合评价[122]。

（4）因地制宜原则。

由于土地利用及自然环境所具有的地域差异性，因子的选取在考虑土地评价所需共同因素的基础上，应与实际情况相结合，做到因地制宜，尽可能客观真实地反映研究区域的情况。

（5）可操作性原则。

评价因子的原始数据在现实中应该是可获取的，保证评价过程具有可操作性，此外，为实现定量评价，尽量选择可定量化的因子[123]。

本书中首先根据因子的选取原则，尽可能地选取与土地利用适宜性评价相关的因子，这些因子在特定的评价对象下反映了土地适宜性的差异。每个因子对应于 ArcGIS 中的一个图层，并且为了保证各个数据的口径一致，其数据都是采取同一年份或者相近年份的。此外，还需要考虑各种土地类型的空间自相关性，通常某种土地利用类型的面积较大的斑块，则这些大的斑块相对于此种土地类型具有较高的适宜性，因此用地现状也作为一个评价因素纳入评价之中。对于不同的土地类型，其适宜性的影响因素也不尽相同，需要参考相关的研究成果，并结合实际情况，建立与之相对应的评价体系。

6.2.2 评价因子的分级与赋值

各种影响因子对土地利用适宜性的影响程度是不一样的，并且一些因子在超过一定界限后可以导致这种因素由适宜向不适宜转变，如道路交通对于建设用地，两者之间具有紧密的联系，但是紧邻道路很近的范围内，则会变成不适宜，还有一些因子的界限并没有绝对的适宜性限制，但是这些因子值的变化可增加或者降低某种地类的相对适宜性。在参考相关研究的过程中，发现指标的分级随意性较大，而科学合理地确定评价因子的分级标准是土地评价的重要步骤，但值得注意的是，任何一种分级标准都不是绝对的。在本书中，单因子适宜性评价标准主要采用以下几种方法：

（1）生态幅原理。

生态幅原理认为，生物的生长在生态因子的某个域值范围内是最适宜的，超过这个范围，生态因子就会成为制约生物生长的限制性因子。在同一地区，不同的物种的生态幅是不一样的，如小麦、玉米等农业作物的生长对水热资源条件的要求不同，在土壤、气候、地形等多种因素的组合条件下，可以形成不同生物类型的适宜区。其具体分值范围可以参考公认的相关研究成果[124]。

（2）评价对象的分布频率。

对于一些影响因子既没有相应的研究成果作为参考，也没有显著的生态幅范围的情况下，其评价等级界限则根据统计分布频率进行划分，也就是说"级间差异大、级内差异小"的原则确定。以参评因子对评价对象的分布频率统计，随着参评因子数值大小的变化，评价对象在不同的范围内呈现出从高到低的变化，出现分布的波峰和波谷，在频率分布图上级别划分的标准应在频率分布波谷所代表的分值（见图6-1）[125]。

在利用评价标准对各评价因子进行等级划分后，还需对各个等级赋值，对单因子的评价通常采用5、3、1代表从高到低的值，分别代表适宜、比较适宜和不适宜，在评价的过程中，实际上还一些因子相对于评价对象并不是绝对的不适宜，可以介于比较适宜和不适宜之间，因此采用了一个过渡值2。通过对各种地类适宜性的空间决策分析，确定评价因子的等级范围，并使用空间数据的重分类（Reclass）功能对各个图层进行重分类处理，以获得每个图层的定量化处理结果。

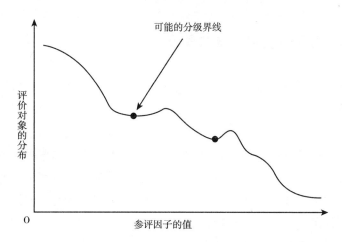

图 6 – 1　单因素评判标准的划分示意图（据郑新奇，2004）

6.2.3　评价单元的确定

评价单元的划分是土地适宜性评价的基础，评价单元的确定要求单元内部质量相对均一，单元之间要有一定差异以体现出适宜性的空间差异。目前土地适宜性评价单元的划分方法主要有以下两种：

（1）对土壤类型、土地利用、地形地貌、环境状况等自然要素进行叠加后生成的图斑作为评价单元。运用该方法生成的评价单元可以完整而准确地体现出各个自然要素的影响范围，缺点是容易产生过多的碎小图斑。

（2）将研究区域划分为大小一致的规则格网或以行政单元作为一个格网，每一个格网作为一个评价单元，而规则格网可分为矢量和栅格两种形式。GIS栅格数据是一种高精度的数据载体，其优势在于表达变化连续的情况，如降雨量、数字高程、气温等，并且相对于计算机来说更易于存储处理，运行速度快，给大批量数据的分析与处理带来了较大的方便[126]，此外，还可以方便快捷地对各个适宜性等级的面积进行统计，缺点是不能体现出网格内的适宜性差异性，与各因素的分布边界不易完全吻合。

本书中土地适宜性评价的基本单元为 $100m \times 100m$ 大小的栅格，每一个栅格单元都包含各评价因子的属性，通过基于栅格单元的数据叠加分析，计算出各个栅格单元的不同土地利用类型的适宜性程度。

6.2.4 指标权重的确定

土地适宜性评价中的每个指标对最终的评价结果所起的作用是不一样的，为了使影响大小定量化，需要给每个指标赋以权重，确定指标权重的方法有多种，如层次分析法（AHP）、神经网络分析方法（NN）、专家打分法（Delphi）、主成分分析（PCA）、回归分析方法等。本书采用层次分析法确定指标的权重，层次分析法是由美国运筹学家 T. L. Saaty 于 20 世纪 70 年代中期提出的一种多层次权重分析决策方法。由于在实际操作的过程中，综合了主观与客观的评价方法，在定量分析的过程中加入了专家知识和经验，有利于进行复杂的决策分析，而土地适宜性评价也是一个复杂的系统分析和决策过程。根据层次分析法确定权重的要求，首先将土地适宜性评价分为三个层次：A 为目标层，B 层为准则层，C 层为指标层；其次向有关专家征询意见，定性地确定各个指标的相对重要性；最后利用层次分析软件 Yaahp 计算出各个指标的权重系数以及随机一致性指标和 C. R 值等检验值（见表 6 - 1）。

表 6 - 1　　　　　关中地区土地适宜度评价因子权重值

评价要素	参评因子	因子权重值	C. I	R. I	C. R = C. I/R. I	是否通过一致性检验
耕地	坡度	0.144				
	海拔	0.124				
	地形起伏度	0.114				
	土壤有机质	0.103				
	土壤质地	0.098				
	河网密度	0.045	0.027	1.50	0.018	√
	≥10℃积温分布	0.071				
	距省道、国道距离	0.082				
	粮食单产	0.120				
	土地利用现状	0.099				

评价要素	参评因子	因子权重值	C. I	R. I	C. R = C. I/R. I	是否通过一致性检验
建设用地	坡度	0.139				
	海拔	0.085				
	地形起伏度	0.078				
	人口密度	0.115				
	人均 GDP	0.1	0.038	1.26	0.030	√
	距省道、国道距离	0.103				
	距县道、乡道距离	0.097				
	距城镇距离	0.109				
	距面状水域	0.093				
	河网密度	0.081				
林地	地形起伏度	0.125				
	年均温	0.127				
	年均降水	0.126				
	坡度	0.119	0.035	1.38	0.025	√
	海拔	0.128				
	有机质含量	0.129				
	≥10℃积温	0.122				
	土地利用现状	0.124				
草地	地形起伏度	0.126				
	年均温	0.127				
	年均降水	0.126				
	距面状水域距离	0.126	0.028	1.28	0.022	√
	坡度	0.12				
	海拔	0.129				
	有机质含量	0.122				
	≥10℃积温	0.124				

土地适宜性评价的流程如图 6 - 2 所示。

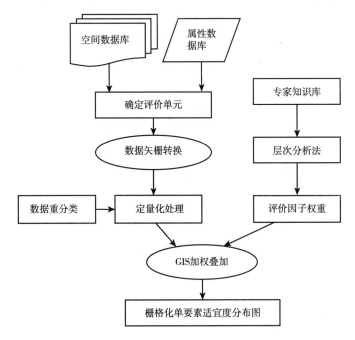

图6-2　土地适宜性评价技术路线

6.3

不同类型土地适宜性评价

6.3.1　耕地适宜性空间决策分析

耕地适宜性评价是评定土地用于农作物种植的适宜性程度的过程。耕地是受人类作用强度较大的一种土地类型，其适宜性评价的因子应该包括自然要素和社会经济要素两个方面，在传统的耕地评价中，主要考虑的是自然要素，对社会经济要素考虑得较少，其主要原因是社会经济要素难以空间化，实际操作起来比较困难，与自然要素难以相匹配，并且处于动态变化之中。但是，随着对耕地评价要求的不断提高，以及评价理论和技术的不断完善，耕地评价已经从传统的查田定产、土壤性质、基础地力等单纯的耕地自然状态研究，发展到综合考虑自然、经济、社会的"人地一体化"的资源价值管理评价[127]，而且人类活动的干扰使耕地适宜性的空间分布变得更为复杂，因此，在指标的选取方面，要从降水、地形等宏观尺度的要素与道路、城镇等微观尺度的要素相结合考虑耕地的适宜性。

根据土地利用格局与影响因素的关系，影响耕地分布的主要因素包括地形条件、水热资源、农业投入等，质量较好的耕地一般分布在地形平坦、水热资源充足、土壤肥力适度、灌溉条件良好等适合农作物生长并且方便经营管理的地方。对耕地评价过程中，还需要考虑土地耕作对生态环境的影响，应根据不同等级的坡耕地的生态效益确定耕地的地形适宜范围（见表6-2），如黄土高原坡度≥25°的地区一般不适宜进行耕作。

表6-2   坡度类型与土地利用

坡度	坡度类型	土地适宜性及其对应措施
<3°	极缓坡	条件良好，十分适宜农业生产活动
3°~7°	缓坡	适宜农业土地利用，一般可机械化耕作
8°~15°	中坡	适宜农业土地利用，但必须采取工程水保措施
16°~25°	微陡坡	可以用于农业或林业，但必须采取工程与林业水保措施
26°~35°	陡坡	只能用于林业，易产生滑坡等重力侵蚀
>35°	极陡坡	只能用于林业，极易产生崩塌、滑坡

资料来源：（刘黎明，2002）

耕地与道路交通也存在一定的相关性，适宜于耕作的区域，对道路交通的建设通常也是比较适宜的，也是道路交通通达条件较好的地区，因此道路交通的分布程度对耕地的适宜性具有一定的作用，但是，道路交通污染对道路两侧一定距离范围内的耕地适宜性起着较大的限制作用，相关研究表明，在高速公路两侧200m范围内，由于重金属污染、废气排放等对土壤质量会造成一定程度的影响[128]，并由此造成不适合农作物的生长，本书通过参考相关的研究成果，并结合实际情况，确定了主干道路两侧80m的范围内为耕地不适宜区。

成片分布的耕地比较适宜机械化耕作，适合集约化和专业化的生产，一般具有较高的适宜性，在对成片耕地的划分过程中，根据建立标准农田的标准，在平原地区，要求连成片的耕地达到0.15km²以上，山区达到0.1 km²以上[129]，本书借鉴此标准，结合耕地分布现状，划定此因子的适宜度范围。

耕地适宜性与单位面积内年均粮食产量具有较大的关系，耕地的粮食单产可以综合地反映出耕地的自然和社会经济要素的适宜性及其结合程度，在自然背景条件一致的情况下，在产生"投入—递减"效应之前，对耕地投入的越多，产量越高，因此适宜性程度也就越高。对于粮食单产可以通过两个途径估算：一种是通过随机采样点，统计出每个采样点的粮食单产并对相邻区域的粮食产量进行估算；另一种方法则以行政单元内的粮食产量除以耕地面积，得出单位耕地面积的粮食产量。研究采用后一种方法，以县区内的耕地为基本单元对关中地区粮食单产进行估算，其中耕地面积则来自遥感解译的 2005 年的数据，以及与之相应年份的粮食总产量，数据来源于《陕西省统计年鉴》（2006），将计算结果以 100kg/亩、300kg/亩和 400kg/亩为分界线，分为四个等级，可以看出关中地区的粮食单产与年均降水量和≥10℃积温等水热条件的分布具有较高的吻合性（见图 6 - 3）。

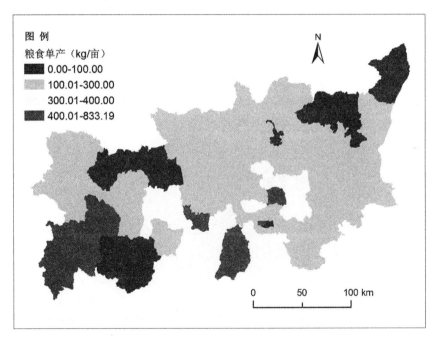

图 6 - 3   基于遥感数据的粮食单产估测

另外，关中地区的年均降雨量基本能满足农作物生长的需要，因此，在评价过程中，对此因素不予以考虑。

基于以上分析，建立耕地适宜性的综合评价体系，如表 6 - 3 所示。对关中地区的耕地适宜性进行评价，并得出耕地适宜性空间分布图（见图 6 - 4. a，附录）。

表 6 - 3   耕地适宜性评价指标体系

指标	因子定量化描述			
	适宜 适宜度值 = 5	比较适宜 适宜度值 = 3	比较不适宜 适宜度值 = 2	不适宜 适宜度值 = 1
坡度	<6	6 ~ 15	15 ~ 25	>25
海拔	<500	500 ~ 1100	1100 - 1500	>1500
地形起伏度	<1	1 ~ 3		>3
土壤有机质	>2	0.5 - 2		<0.5
土壤质地	壤土	壤质偏粘或 偏沙、粘土	粘土	沙土、石渣土
河网密度	>1.5	0.5 ~ 1.5		<0.5
≥10℃积温分布	>4500	3000 - 4500		<3000
距省道、国道距离		80 ~ 4000	>4000	<80m
粮食单产	>400	300 ~ 400	200 ~ 300	<100
现状分布	成片分布的田	较为分散的农田		细碎分布的农田

6.3.2 林地适宜性空间决策分析

林地主要分布于这样一些地区，由于地形条件、土壤侵蚀、土壤质地不适合种植业的发展，但是比较适合树木的生长，并且对于区域生态环境的改善和建设都能产生作用的地区。

林地的空间分布与自然要素的分布密切相关，降水量是影响其分布的一个重要因素，根据生态学知识，森林一般分布在年均降水量大于 400mm 的区域[130]，此外，对于海拔高度也有一定的限制条件，一般不能超过 2500m，根据关中地区生态环境建设的现状和发展趋势，现状大面积成片分布的林地应作为林地适宜区加以保护，基于以上考虑，建立关中地区林地适宜性评价指标体系（见表 6 - 4）。

表 6 – 4　　　　　　　　　　林地适宜性评价指标体系

指标	因子定量化描述			
	适宜 适宜度值 = 5	比较适宜 适宜度值 = 3	勉强适宜 适宜度值 = 2	不适宜 适宜度值 = 1
地形起伏度	1 ~ 3	3 ~ 4 或者 < 1	> 4	
年均温	> 10	5 ~ 10		< 5
年均降水	> 600	400 ~ 600		
坡度	< 15	15 ~ 30		> 30
海拔	< 1000	1000 ~ 2500		> 2500
有机质含量	> 4	1 ~ 4		< 1
≥10℃积温分布	> 4500	3500 ~ 4500	3000 ~ 3500	< 3000
土地利用现状	成片分布的林地	较为分散的林地	细碎分布的林地	

根据林地适宜性评价综合体系，按照研究所采用的土地适宜性评价模型，对关中地区的林地适宜性进行了评价研究，最终得出关中地区林地适宜性空间分布图（见图 6 – 4. b，附录）。

6.3.3　草地适宜性空间决策分析

草地的分布对土地质量要求相对较低，以自然生长为主，自然条件一般适宜的区域，都比较适合草本植物的生长，但地形缓平开阔的地方对于草地的利用价值具有一定的影响，因此，从这个角度分析，地形起伏度不能太大；气温越高和降水量越多的地区，高覆盖度草地则分布的越多，另外，海拔不能过高，水热条件随着高度发生改变降水量随着一定高度的增加呈现增加的趋势，但是超过一定高度以后，降水量则逐渐减少，并且气温也逐渐降低，因此超过3000m 的高海拔地区一般不适合草本植物的生长，此外，距离水域较近的区域也是草地适宜性较高的地区，研究选取了一些与草地适宜性相关的主要因子进行评价研究（见表 6 – 5）。

表6－5 草地适宜性评价指标体系

指标	因子定量化描述			
	适宜 适宜度值＝5	比较适宜 适宜度值＝3	勉强适宜 适宜度值＝2	不适宜 适宜度值＝1
地形起伏度	1～3	3～4或者<1	>4	
年均温	>10	5～10		<5
年均降水	>600	500～600	400～500	<300
距面状水域距离	<10000	10000～40000		>40000
坡度	<15	15～30		>30
海拔	<1000	1000～2300	2300～3000	>3000
有机质含量	>2	0.5～2		<0.5
≥10℃积温分布	>4500	3000～4500		<3000

根据草地适宜性的综合评价体系，按照研究所采用的土地适宜性评价模型，对关中地区的草地适宜性进行了评价研究，最终得出了关中地区草地适宜性的空间分布图（见图6－4. c，附录）。

6.3.4 建设用地适宜性空间决策分析

建设用地具有一定的特殊性，是人类活动与自然条件作用最紧密的一种土地类型。影响建设用地适宜性的自然因素主要为地形，如河谷平原区的建设用地分布密集，此外，距水源远近、交通通达性等都会对建设用地的适宜性产生影响。

建设用地比较密集的区域，通常也是交通通达度较好的区域，而交通网络的节点也一般都是城镇，因此，对于建设用地的发展，交通道路的两侧对建设用地的扩展起着吸引作用[131]，但是，在高速公路和国家主要干线公路两侧一定范围内，由于相关法规的限制和交通噪声污染等因素不能作为建设用地，因此为建设用地的不适宜区。此外，在研究中，考虑了交通用地为建设用地的现实，在评价因素的分析过程中，对现有的包括交通用地在内的建设用地视为适宜或者比较适宜。

人口密度和人均GDP能直接或间接地反映出社会经济的发展水平以及发展潜力，人口密度和人均GDP较高的地区，反映出区域较高的人口集聚度和生产力水平，一般是城镇的所在地，适宜于城镇建设用地的发展，而在人口稀少或者人均生产值低的区域，表明此区域生产力发展水平低，一般分布于山区，不适合城镇建设用地的分布与扩展。

　　距城镇距离因素对建设用地的适宜性具有一定的影响，城镇自身的向周边相邻地区扩张以及城镇区域所具有的优质社会经济资源，导致距离城镇较近范围内的土地向建设用地转变。

　　因此，对建设用地适宜性评价因子的选取，除考虑自然要素外，还需兼顾各种区位条件（见表6-6）。

表6-6　　　　　　　　　　建设用地适宜性评价体系

指标	因子定量化描述			
	适宜 适宜度值=5	比较适宜 适宜度值=3	勉强适宜 适宜度值=2	不适宜 适宜度值=1
海拔	<1000	1000~2500		>2500
坡度	<7	7~15	15~25	>25
人口密度	>200	100~200		<100
人均GDP	>10000	5000~10000		<5000
距省道、国道距离	道路及<1000	1000~2000	>2000	
距县道、乡道距离	道路及<500	500~1000		>1000
距城镇距离	<5000	5000~25000		>25000
距面状水域	1000~15000	15000~40000		面状水域及 <1000 或 >40000
河网密度	0~2	2~4		4~6
地形起伏度	<1	1~3		>3

　　根据建设用地适宜性评价综合体系，按照研究所采用的土地适宜性评价模型，对关中地区的建设用地适宜性进行了评价研究，最终得出关中地区建设用地适宜性空间分布图（见图6-4.d，附录）。

6.4
评价结果分析

6.4.1　基于土地利用的适宜性等级

　　根据土地适宜性评价结果，可以统计出不同土地类型各个适宜性等级的面积，并且可以从空间分布图上看出主要的分布区域：

关中地区有 27.60% 的土地最适宜耕作，主要分布在关中平原地区，有 48.04% 的土地对于耕作具有一般适宜性，最不适宜占 24.36%，对于位于最适宜耕作地区的耕地，应当加以保护，并建立标准农田，这也是关中地区最主要的粮食生产基地，而对于位于一般适宜区的耕地，应当加强农田生态环境建设，提高粮食生产能力，而位于最不适宜区域的耕地，应按照国家的相关政策进行土地改良或者改为其他用途的土地类型。

关中地区总面积的 29.62% 最适宜林地，主要位于秦岭北麓山地区，最不适宜区主要位于土壤有机质含量非常低的沙地、河滩盐碱地（见表6-7）。

表6-7　　　　　　　　土地利用类型的适宜性面积及主要分布区域

	适宜性等级	主要分布区域	面积（km²）	所占比例（%）
耕地	最适宜	渭河平原地区	15219.81	27.60
	一般适宜	渭北黄土高原台塬区	26494.55	48.04
	最不适宜	秦岭北麓山地区、渭北黄土高原丘陵沟壑区	13434.30	24.36
林地	最适宜	秦岭山地区、子午岭南部、爷台山	16281.48	29.62
	一般适宜	渭河平原地区	36143.73	65.76
	最不适宜	河滩地、沙地等有机质含量极低的地区	2539.71	4.62
建设用地	最适宜	主要城市；河谷平原且交通通达度较好的区域	8348.34	15.08
	一般适宜	渭河河谷平原地区	22510.95	40.66
	最不适宜	秦岭山地区	24500.71	44.26
草地	最适宜	关中大部分地区	44909.66	81.13
	一般适宜	秦岭山区等水热条件较差的地区	10299.20	18.61
	最不适宜	秦岭山区裸岩分布区	144.98	0.26

不适合草地分布的区域主要位于秦岭山脉的太白山、华山，占关中土地面积的 0.26%，此区域为关中地区高海拔的山区，裸岩广泛分布，年积温较低，土壤有机质含量极低，其他大部分地区则对草地的生长没有不适宜。

建设用地的最适宜面积为 8348.34km²，占关中地区土地总面积的 15.08%，主要位于关中平原地区，城镇较为密集、交通条件较好的地区。

6.4.2　基于县域单元的适宜性面积

利用关中地区行政区划矢量图与土地适宜性评价结果进行叠加分析，可以统计出各个县区的各种土地利用类型的适宜性面积（见表6-8），根据统计结果可以看出，耕地的最适宜地区主要位于关中平原腹地、距水源较近、灌溉条件好的高陵、三原、泾阳和兴平等县区。基于县域行政单元的土地适宜性分布面积的统计，可以为分县区土地利用提供依据。

表6-8　　　　　　　关中地区分县土地适宜性分布面积　　　　　单位：km²

	耕地			林地		
	最不适宜	一般适宜	最适宜	最不适宜	一般适宜	最适宜
韩城市	219.98	1033.19	277.69	64.40	1345.14	101.71
宜君县	230.57	1245.00	25.42	27.51	1206.11	264.71
旬邑县	371.49	1405.59	4.06	0.32	1559.62	219.33
白水县	24.29	738.43	196.93	82.93	820.20	60.53
澄城县	2.21	880.85	234.99	40.03	1075.78	0.36
合阳县	8.28	870.51	431.30	0.00	1299.25	8.38
耀州区	236.84	1243.73	132.08	0.00	1386.59	223.23
长武县	6.25	550.06	7.37	95.10	453.09	4.73
彬县	21.12	1137.20	34.88	50.51	1052.49	88.03
蒲城县	5.80	515.41	1061.92	235.02	1321.08	0.11
陇县	636.56	1599.94	40.80	33.30	1244.87	995.14
富平县	80.76	427.06	713.61	182.31	999.30	34.21
淳化县	26.55	905.04	53.94	5.26	941.18	25.75
大荔县	5.42	538.50	1166.22	506.96	1202.15	0.00
麟游县	115.83	1589.91	1.15	3.78	1470.56	227.08
永寿县	5.69	740.77	14.06	0.00	717.08	42.13
千阳县	81.99	890.13	32.40	0.00	500.30	502.69
三原县	0.67	70.30	500.97	32.52	535.85	2.12
礼泉县	11.99	832.09	160.41	21.34	964.34	17.21
临渭区	62.61	208.01	976.35	167.50	995.98	94.62

	耕地			林地		
	最不适宜	一般适宜	最适宜	最不适宜	一般适宜	最适宜
凤翔县	79.25	808.67	328.77	0.00	880.48	341.25
陈仓区	1061.24	1920.69	173.51	1.19	1677.24	1472.50
乾县	0.01	479.12	520.88	0.00	997.38	1.11
泾阳县	20.30	136.10	618.29	85.29	682.58	6.51
华阴市	226.46	174.86	255.39	36.78	360.80	246.33
潼关县	155.31	157.75	94.51	0.00	267.91	138.91
永寿县	0.03	122.04	8.89	0.00	129.47	1.27
扶风县	40.35	167.67	533.46	49.98	678.42	10.65
华县	533.10	274.02	341.30	46.06	431.09	669.60
岐山县	151.93	252.53	454.52	17.37	635.18	203.98
高陵县	0.00	13.46	275.14	36.08	252.31	0.00
兴平市	0.00	41.86	473.64	30.02	484.39	0.00
武功县	0.00	32.96	359.59	32.94	359.28	0.00
蓝田县	771.47	942.89	290.37	0.00	1033.78	968.33
杨凌区	0.00	6.50	91.14	0.04	97.46	0.00
眉县	314.63	350.15	188.66	62.08	439.11	350.96
凤县	2013.89	1055.71	73.27	0.00	359.75	2795.71
长安区	608.83	253.67	725.39	0.82	952.80	629.15
户县	643.95	130.55	500.03	52.71	561.25	659.84
周至县	2034.75	318.99	641.90	184.20	705.10	2102.82
太白县	2263.15	389.00	0.96	0.00	274.63	2390.97
阎良区	0.00	1.82	249.11	93.60	157.03	0.00
临潼区	21.90	174.37	720.70	164.81	715.09	21.52
雁塔区	0.00	16.61	134.74	0.00	152.55	0.00
碑林区	0.00	0.90	17.10	0.00	21.82	0.00
未央区	0.00	70.97	192.70	6.16	237.21	0.00
莲湖区	0.00	2.75	37.36	0.00	40.14	0.00
新城区	0.00	3.51	16.88	0.00	29.55	0.00
灞桥区	1.18	97.72	216.27	59.82	252.58	2.28

续表

	耕地			林地		
	最不适宜	一般适宜	最适宜	最不适宜	一般适宜	最适宜
渭滨区	200.99	152.18	37.56	0.00	132.64	263.27
金台区	0.00	34.86	29.69	0.00	64.98	0.00
秦都区	0.00	33.18	253.95	8.53	278.05	0.00
渭城区	0.00	13.32	234.50	5.91	241.62	0.00
印台区	80.89	435.22	21.64	11.23	465.44	59.85
王益区	24.31	215.26	5.87	0.00	223.84	15.19

	草地			建设用地		
	最不适宜	一般适宜	最适宜	最不适宜	一般适宜	最适宜
韩城市	0.00	309.64	1221.14	581.07	784.07	165.63
宜君县	0.04	720.21	780.78	1250.60	244.81	5.63
旬邑县	0.00	782.61	999.87	1241.92	540.55	0.01
白水县	0.00	146.29	813.03	209.97	675.12	74.24
澄城县	0.00	74.62	1043.68	31.18	804.98	282.14
合阳县	0.00	31.09	1279.16	93.47	1033.43	183.34
耀州区	0.00	439.55	1173.25	837.45	700.84	74.52
长武县	0.00	257.73	305.87	245.80	316.97	0.83
彬县	0.00	286.74	906.49	391.16	763.11	38.96
蒲城县	0.00	16.62	1566.38	22.85	1262.55	297.60
陇县	0.00	500.11	1775.95	1840.58	410.07	25.42
富平县	0.00	52.81	1165.87	149.25	861.14	208.28
淳化县	0.00	221.04	764.50	153.82	794.91	36.81
大荔县	0.00	1.50	1708.66	106.53	1213.68	389.95
麟游县	0.00	115.32	1591.52	1543.86	162.98	0.00
永寿县	0.00	35.83	724.70	298.17	431.90	30.45
千阳县	0.00	1.85	1002.68	538.15	423.50	42.87
三原县	0.00	8.90	563.13	1.17	340.23	230.62
礼泉县	0.00	44.82	959.69	75.82	679.49	249.19
临渭区	0.00	82.75	1165.40	86.75	762.89	398.51
凤翔县	0.00	6.24	1210.34	405.15	428.63	382.80

	草地			建设用地		
	最不适宜	一般适宜	最适宜	最不适宜	一般适宜	最适宜
陈仓区	0.00	517.42	2638.17	1931.89	849.07	374.64
乾县	0.00	13.11	986.66	9.00	719.05	271.72
泾阳县	0.00	51.90	722.54	38.70	464.86	270.88
华阴市	3.00	197.07	456.70	234.72	317.33	104.73
潼关县	0.00	128.71	278.72	145.54	191.66	70.23
永寿县	0.00	9.89	121.08	10.26	101.10	19.62
扶风县	0.00	15.98	725.62	51.79	418.56	271.25
华县	0.00	396.58	751.78	626.95	339.80	181.61
岐山县	0.00	13.68	845.24	124.65	499.31	234.96
高陵县	0.00	0.00	288.76	1.98	149.07	137.72
兴平市	0.00	0.00	515.34	1.76	248.72	264.86
武功县	0.00	0.00	392.73	0.00	256.69	136.04
蓝田县	0.00	88.12	1916.76	1038.72	802.31	163.85
杨凌区	0.00	0.00	97.73	0.00	46.15	51.58
眉县	2.81	136.41	714.33	362.35	369.79	121.41
凤县	0.00	371.32	2771.83	3132.95	10.21	0.00
长安区	0.00	227.43	1356.94	650.26	499.59	434.51
户县	0.00	441.00	833.46	684.95	301.37	288.14
周至县	5.53	1465.56	1524.45	2124.17	601.61	269.76
太白县	132.81	1927.95	592.43	2604.06	49.12	0.00
阎良区	0.00	0.00	251.04	0.00	87.23	163.81
临潼区	0.00	2.58	914.39	15.59	553.81	347.57
雁塔区	0.00	0.00	150.97	0.00	26.72	124.25
碑林区	0.00	0.00	18.62	0.00	0.00	18.62
未央区	0.00	0.00	263.83	0.00	82.51	181.33
莲湖区	0.00	0.00	40.16	0.00	0.01	40.14
新城区	0.00	0.00	20.31	0.00	0.16	20.15
灞桥区	0.00	0.04	315.08	0.70	146.68	167.74
渭滨区	0.00	26.29	366.50	247.21	124.32	21.26

续表

	草地			建设用地		
	最不适宜	一般适宜	最适宜	最不适宜	一般适宜	最适宜
金台区	0.00	0.00	64.45	0.00	14.90	49.55
秦都区	0.00	0.00	288.03	0.00	82.76	205.27
渭城区	0.00	0.00	247.82	0.00	71.00	176.82
印台区	0.00	94.67	443.24	204.29	320.83	12.78
王益区	0.00	64.50	180.82	95.73	138.23	11.36

6.5

小　结

本章以栅格为基础评价单元，采用了多因子的综合评价方法对关中地区主要土地类型的适宜性进行了评价，在评价过程中，改变了传统的"自下而上"的适宜性评价思路，通过借鉴相关研究中所提出的"自上而下"的思路设计和评价模式，对关中地区的土地利用适宜性进行了评价，减少了评价过程中的主观影响程度。在评价过程中，综合使用了 GIS 空间数据叠置分析、多因子综合分析方法等多种方法，并吸取了近年来区域建设用地适宜评价的发展趋势，改变了以往土地适宜性评价只针对区域农、林、牧的适宜性评价的模式，使关中地区的土地适宜性评价的更为全面和详细，本章所得出的主要研究结果：

（1）关中渭河平原区对于各种土地利用类型具有高度的兼容性，也是土地利用冲突最为显著的地区，因此对该区域进行的土地利用规划，应该根据各种需求，考虑土地优先利用的原则，对该区域土地类型依次规划。

（2）关中地区耕地、林地、草地和建设用地的最适宜面积分别为15219.81 km^2、16281.48km^2、44909.66km^2 和 8348.34km^2，分别占关中地区土地面积的27.6%、29.62%、81.13% 和 15.08%。

（3）本章中的土地适宜性评价的栅格数据的基本单元为 100m×100m，因而其最小的评价地块为 1hm^2，对于土地的宏观规划和实施管理都具有一定的科学意义。

第7章

基于空间模拟与分区的
土地优化配置

    土地利用的结构优化对实现土地资源持续利用具有至关重要的作用[132]。早期土地资源优化配置主要侧重于数量分配方面的研究，随着景观生态学研究的深入，人们逐渐意识到数量结构相同的土地资源在不同的空间布局下，其土地利用效率及可能产生的土地利用综合效益存在着较为明显的差异。以"3S"技术为核心的地理信息技术、空间技术的发展为土地资源优化配置提供了新的理论基础和方法体系。土地利用/覆盖变化研究、格局形成机制分析和未来变化趋势预测，构成了土地优化配置的基础，而将土地资源与其空间分布相结合，从空间适宜性角度深入探讨土地资源利用的区域差异、空间适宜性及其存在问题，对区域土地资源优化配置及各地区制定相应的政策、措施具有十分重要意义[133]。空间动态模拟是实现土地优化配置的重要途径和手段，其一般流程为：分析土地利用初始状态以及土地利用类型转换规则的基础上，兼顾社会经济和生态环境的协调发展、土地利用的适宜性，设定各种情景和约束条件，对现状土地利用格局重新布局与调整模拟的过程。

    本章以土地利用格局重构和土地利用功能综合分区构建多层次土地优化配置策略，首先以2005年为研究基期，以2020年为规划目标年，立足于对关中地区土地利用结构及其变化的分析，结合该区域土地利用现状中所存在的问题，兼顾土地适宜性和社会经济发展趋势，遵循生态规律、社会经济发展规律，充分利用土地优化配置的理论和方法，对关中地区的土地利用变化进行预测并尝试进行空间优化模拟；其次，构建县域土地利用综合分区评价体系，采用探索性数据分析方法对土地利用主导功能进行分区，实现土地利用功能的区域优化组合。

7.1

模型选择

　　土地资源优化配置是一项复杂的系统工程，是一个多目标、多层次的持续拟合与决策过程，构建土地资源优化配置模型需要采用多学科的多种方法论，包括动态模拟、数学规划、系统动力学、工程学等理论和方法[133]。随着土地利用优化配置研究理论和技术的发展，土地优化配置已经从定性研究发展到定量研究，从静态分析发展到动态模拟，由固定条件下寻找最优方案，发展到可变条件下的趋势分析和预测，由数量配置为主发展到空间定位，配置结果由定量的结果发展为空间和定量相结合的共同结果，定量、可变和动态的土地优化空间模拟成为土地优化配置研究的主要方式[134]。

　　模型的构建和运用一直是土地利用/覆盖变化研究的重要组成部分，近年来，土地优化配置模拟模型研究也成为其研究的热点内容之一[135]，同时也是研究的难点，其原因是现实世界的复杂性、模糊性和不确定性，以及人类认识世界和描述世界的能力的局限性（吴信才，2009）。在使用经济模型和经验统计方法对土地利用变化进行情景预测的基础上，加入 GIS 的空间模拟方法是模拟模型的重要发展趋势，近年来，模型的发展也正经历着从单一的非空间模型向非空间模型和空间模型相融合的演变过程[136]，土地利用优化配置研究中常用的非空间模型包括灰色线性规划模型、系统动力学模型、多目标规划模型、灰色预测模型和马尔可夫模型等，非空间模型在数量分析与预测上具有一定的优势，但是存在着无法预测何处发生改变、如何改变等问题（见表 7 - 1）。

表7-1 主要的土地利用空间优化配置模型[137-146]

	模型名称	模型说明	模型备注
空间模拟模型	元胞自动机模型（CA）	CA充分体现了复杂性科学的一个重要观点：局部规则（Local Rules）导致宏观格局的变化（Global Change），即有序性和自组织行为的出现，用来研究自组织系统的演变过程，具有强大的模拟复杂动态系统的能力，但CA模型强调的是生物物理对土地利用变化的作用，而对作为主要驱动因素的人类活动则在模型中则体现出不足	VonNeumann，ulam 1948；Wolfram，1984
	CLUE-S模型	属于动态的、多尺度的土地利用变化空间模拟模型，由需求模块、人口模块、产量模块和空间分配模块组成	Veldcamp etc，1996；Koning etc，1999；Verburg etc，2002
	SLEUTH模型（城市增长元胞自动机模型）	SLEUTH模型主要用来模拟城市的扩展，影响和限制城市扩展的变量主要包括六个部分：坡度（Slope）、土地利用（Land Use）、土地利用的排他性（Exclusion）、城市规模（Urban Extent）、交通（Transportation）、坡向（Hillshade）	Clarke，Gaydos 1997
	多智能体主体系统（Multi-Agent System）	MAS是复杂适应系统理论、人工生命以及分布式人工智能技术的融合，目前已成为复杂系统和模拟的重要手段。在其他土地利用模拟系统中，无法考虑土地利用变化中起重要作用的动态的社会环境变化以及它们的相互作用，如居民行为、政府决策，利用多智能体主体系统在模拟的过程中，既考虑了环境的影响及环境智能体中微观的决策行为，还具有强大的空间自组织能力	Allen，20世纪80年代，Holland，Gell-Mann，20世纪90年代初
	逻辑回归模型（LRA）	逻辑回归模型是研究两分类变量和多分类反应变量与多个影响因素之间关系的一种多变量分析方法，通过与影响土地利用空间布局和变化的因素进行拟合分析，与GIS相结合可以较好地模拟土地利用格局	
数量优化模型	线性规划方法（LP）	灰色线性规划方法是在线性规划的方法的基础上建立起来的，弥补了线性规划只能进行静态研究的不足。是土地优化配置中较常使用的一种方法。灰色线性规划可以对约束条件的约束值进行预测，并且还可以通过设定不同的情景得出不同的优化配置方案	G. B. Dantzing，1947
	系统动力学方法（SD）	土地利用系统动力学模型是基于系统动力学理论建立的能够模拟土地利用变化的模型，能从宏观上反映土地利用系统的复杂行为，为决策者提供决策支持	Jay W. Forrester，1956
	多目标规划方法（MPO）	根据决策者所设定的多个目标而建立多种方案，并且可以对多种方案进行比较，从而选出符合决策者要求的最佳方案，充分体现了决策者的意愿	Koopmans，1951；Johnsen，1968

续表

	模型名称	模型说明	模型备注
数量优化模型	灰色预测方法（GM）	灰色模型是以时间序列的资料为基础，通过对无规律的数据进行转换，建立有规律的生成数列的回归方程，并应用该方程对事物的动态发展趋势进行预测的一种较为常见的数据分析方法	邓聚龙，1982
	马尔可夫方法（Markov）	马尔可夫方法是通过转移概率对土地利用变化过程中未来某个时刻的变动状况进行预测的一种方法	Turner MG，1987

近年来，各种综合模型的发展成为土地利用系统模拟的重要研究方向，综合模型指的是结合各种模型的优点，既考虑了空间特征又考虑了非空间特征，可以相互弥补不足，利用综合模型对土地优化配置进行研究，能够更加客观地模拟和分析过程与结果，如元胞自动机虽然具有强大的模拟复杂系统时空动态演变的能力，但是在数量预测等非空间分析上略显不足，因此，在研究中常结合其他数学模型对其进行补充，如基于系统动力学和 CA 模型的土地利用模拟系统[147]、ANN（人工神经网络）模型与 CA 模型的结合等，此外，将 GIS、生态位模型和 CA 模型结合进行城市土地优化配置的研究（郑新奇，2004）；生态位与约束性 CA 的土地资源优化配置模型等[148]，其他还包括土地利用总体规划的SD&LP 模型（冯国强，1995）、灰色马尔可夫模型和 SD&MOP 模型（刘耀林，2004，2005）、Agent&ClUE-S（Castella，J. C.，Verburg，2007）等综合模型。

土地利用变化受到多种驱动和约束机制的影响，对土地优化配置的空间模拟，应在土地利用现状的基础上，综合考虑各个驱动因素的变化趋势，根据研究设立的生态和社会经济目标的约束条件或情景，对土地利用变化的合理发展趋势的模拟。因此，如何充分反映土地利用系统变化，并提高各种情景下的模拟结果的可靠性也是土地模拟模型研究的重要发展趋势。

7.2
元胞自动机模型

7.2.1　模型表达

元胞自动机模型（CA）作为一种时空动态模型，不是由严格定义的函数确定，而是由一系列模型构造的规则构成，使元胞自动机模型不同于一般的动力学模型，具有鲜明的时空耦合特征[149]，CA 已经被广泛地应用于地理事物的空间变化模拟研究，实践证明，其在反映微观格局演化的复杂特征方面具有较好的效果，土地利用的变化过程符合 CA 模型的构建原理，因此被引入进行土地利用变化的模拟研究。

元胞自动机模型由四部分组成：元胞（Cells）、状态（States）、邻域范围（Neighbors）和演化规则（Rules），其中元胞是元胞自动机的最基本单元，状态是元胞的主要属性，通过演化规则，元胞可以从一种状态向另外一种状态转换，演化规则是基于邻域函数计算获取的[150]。元胞自动机模型可以通过以下方式简单地表达：

$$S^{t+1} = f(S^t, N) \tag{7-1}$$

其中，S 是状态；N 是邻域范围；f 是转换函数或规则；t 是时间。

7.2.2 CA 特征定义

（1）CA 元胞。

CA 的基本单元是元胞，如何把 CA 和地理信息的空间数据关联起来是 CA 能否在地理模拟中应用的基础，作为地理信息数据类型之一的栅格数据跟元胞很相似，因此可以解决这一问题。CA 元胞与栅格数据的栅格单元一致，模型中使用的栅格数据的分辨率不一样，其模拟结果也会存在一定的差异，研究中共有耕地、林地、草地、建设用地、水域、滩地、沙地和未利用地 8 种元胞类型，各种类型按照其自身的转换概率和演化规则进行转化。

（2）CA 元胞状态。

在标准的元胞自动机模型中，CA 元胞状态是一个有限的、离散的集合，每个元胞的状态取其中的一个值，在对地理事物变化进行描述时，需要对每一个元胞赋予相应的含义。在土地利用变化的模拟研究中，元胞状态即栅格单元中的土地利用现状。

（3）邻域范围。

CA 模型的运行关键是邻域关系的确定和演化规则的制定，在元胞自动机模型中，元胞的转换取决于自身及其相邻元胞的状态，邻域范围的确定对模拟结果具有重要的影响。一般 CA 模型中定义的邻域包括 4 个或 8 个单元，4 个单元的为上下左右相邻近的，8 个单元的为包括对角线上的邻近单元，在模拟土地利用变化时，可以包括更多的邻域单元[151]。

（4）演化规则。

演化规则是元胞自动机的核心部分，演化规则决定了一个元胞在 t + 1 时刻的状态依赖于与其相邻的元胞在 t 时刻的状态，因此它是元胞状态和邻近关系的函数，有关空间对象的知识也表达于其中[152]。演化规则可分为确定性转换规则和随机性转换规则两种。

7.2.3 CA-Markov 模型

CA 模型具有较强的空间模拟功能，但是此模型主要取决于自身和邻域的状态，因素过于单一，难以反映宏观的影响因素[153]，例如，根据土地利用的变化趋势对土地利用格局进行数量预测的能力显得较弱。运用 CA 进行土地利用变化模拟的过程，通常是基于一种理想状态的、土地利用变化平稳、受外界干扰较少的情况下，对土地利用的变化趋势进行拟合，土地利用变化是一个较为复杂的过程，由于人为和自然的干扰所造成土地利用格局的突变，如森林火灾、人工砍伐、农业自然灾害、道路交通的建设和延伸等，因此，在土地利用变化的模拟研究中可以通过和其他模型的结合、改变邻域规则、改变元胞形状、改变算法等多种途径以弥补其缺陷，如对于森林的砍伐，可以根据森林砍伐规划确定相应的参数。

对于时间尺度的数据预测，常见方法主要有时间序列预测、建立回归模型、神经网络进行预测等，本书中的土地利用数据是各个年份的离散数据，因此无法进行基于长时间序列的数据预测。Markov 是一种用于随机过程系统的预测和优化控制问题的模型，研究的对象是事物的状态及状态的转移，通过对各种不同状态初始占有率及状态之间转移概率的研究来确定系统发展的趋势，从而达到对未来系统状态的预测的目的。Markov 过程是一种无后效性的随机过程，是根据系统状态之间的转移概率来预测系统未来发展转移概率，反映了各种随机因素的影响程度，反映了各状态之间的内在规律性。由于 Markov 预测是根据变量目前状态来预测未来如何变化的分析方法，它不需要连续的历史资料，而仅需要最近或现在的动态资料，便可预测未来，由于土地利用类型间的转化满足马尔可夫链预测理论的特点，故可用于土地利用动态过程模拟与预测[154]。但值得注意的是，马尔可夫预测是根据两个时期上的土地利用状态进行预测的，因此两个时期的数据应符合土地利用的变化趋势，如果是基于偶发性的土地利用状态进行预测，则可能会造成预测的结果与变化趋势不一致。

本书通过 CA 模型和 Markov 模型的结合对土地利用变化进行预测和空间模拟的。CA-Markov 模型的使用是通过 IDRISI 软件实现的，IDRISI 软件是由美国克拉克大学开发的基于栅格数据进行地理分析的地理信息系统软件，此软件将地理信息系统和图像处理功能结合起来，具有较强的空间分析功能，其中的地理信息系统空间分析模块中的时间和变化序列分析工具，集成了元胞自动机模型和马尔可夫模型，可以模拟和预测土地利用/覆盖变化，并对造成变化的机制和因素进行分析（见图 7 - 1）。

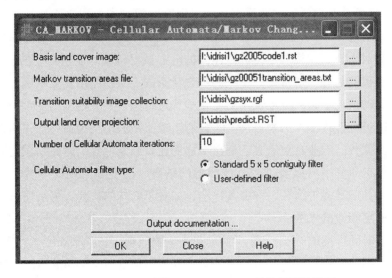

图 7 - 1 IDRISI 中的 CA_MARKOV 模块界面的设置

本书将运用 CA-Markov 模型对关中地区的土地进行预测，并将预测结果落实到空间位置上，运用灰色线性规划模型对关中地区的土地利用数量结构进行情景设定和数量控制，最后在土地适宜性评价结果的基础上，运用地理信息系统的技术和方法对不适宜区域的土地利用斑块进行调整，从而实现土地利用的优化配置（见图 7 - 2）。

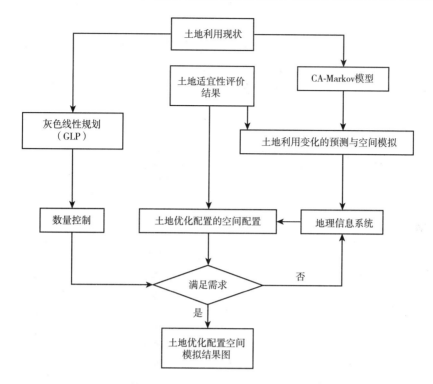

图 7 − 2　基于 GIS 的关中地区土地优化空间模拟流程

7.3

基于 CA-Markov 的土地利用变化预测

7.3.1　模型使用

（1）数据准备。

准备两期土地利用/覆盖数据，分别作为研究初期和末期的土地利用状况，其数据来源于本书前述部分的土地利用解译结果，由于 IDRISI 软件不能直接使用 ArcGIS 的栅格和矢量数据格式，因此必须把数据格式转换成 IDRISI 软件的矢量或者栅格数据格式。

（2）转移矩阵的生成。

基于 IDRISI 软件的 Markov 分析模块的运算结果，包括土地利用类型的转移概率矩阵（见表7-2）和转移面积矩阵。转移概率矩阵是运用马尔可夫模型进行预测的必要条件，由研究时段初期和末期的土地利用空间数据进行叠加获取，表示的是每个土地覆盖类型转换为其他类型的概率，转移面积矩阵是在预测时期的土地覆盖类型转换的预测面积。值得注意的是，基于不同类型和分辨率的数据所生成的转移概率会存在一定的差异。

表7-2　　　　　基于100m×100m栅格单元数据计算的转移概率矩阵

	Cl. 1	Cl. 2	Cl. 3	Cl. 4	Cl. 5	Cl. 6	Cl. 7	Cl. 8
Class 1	0.8377	0.0000	0.0035	0.0348	0.0000	0.0014	0.0901	0.0326
Class 2	0.0018	0.2012	0.0135	0.4541	0.0000	0.0171	0.2781	0.0343
Class 3	0.0051	0.0000	0.7440	0.0025	0.0021	0.0009	0.0857	0.1598
Class 4	0.0046	0.0003	0.0175	0.6067	0.0000	0.1021	0.2004	0.0682
Class 5	0.0003	0.0000	0.1803	0.0002	0.6395	0.0001	0.0268	0.1529
Class 6	0.0183	0.0000	0.0043	0.4313	0.0000	0.3909	0.1313	0.0238
Class 7	0.0373	0.0000	0.0646	0.0075	0.0001	0.0054	0.7739	0.1113
Class 8	0.0045	0.0001	0.0953	0.0059	0.0002	0.0028	0.1369	0.7543

（3）滤波器的选择。

元胞自动机是根据元胞和其相邻元胞的状态，并基于演化规则以改变其自身的状态，因此模型的表达思想中就包含了空间相关性，在模型的运用过程中可以采用元胞自动机的滤波器创建具有空间意义的空间权重，本研究中，采用了 IDRISI 软件自动设置的 5×5 滤波器，其表达式如表7-3所示。

表7-3　　　　　　　　　　　　5×5 滤波器模型

0	0	1	0	0
0	1	1	1	0
0	1	1	1	0
0	1	1	1	0
0	0	1	0	0

（4）元胞自动机的循环次数。

元胞自动机循环次数的确定与土地利用/覆盖转移矩阵生成的研究时段相关，通常是研究时期间隔的倍数，例如，利用2000年和2005年的土地利用/

覆盖的数据进行转移矩阵的生成,则循环次数可以是 5 或者 10,表示模型是以 1 年或者半年作为一个间隔运行的。

(5) 转换规则的确定。

在 IDRISI 中,是以土地利用转移概率和各种土地利用类型的适宜性作为演化规则,其中土地利用类型的适宜性代表的是一个元胞对于某种土地利用类型的适宜性。

(6) 进行土地利用格局的变化模拟。

CA 模型需要循环迭代运算多次才能获得最终的模拟结果,迭代运算的次数与栅格大小具有一定的关系,栅格越小,其运算的次数一般也越多。

(7) 模拟结果。

在 IDRISI 软件中输入各个步骤中相应的操作数据以后,然后对关中地区的土地利用格局进行模拟。

基于 CA-Markov 模型的土地利用变化预测路线如图 7-3 所示,研究按照模拟步骤进行空间模拟,得到 2020 年的关中地区土地利用模拟图(见图 7-4,附录)。

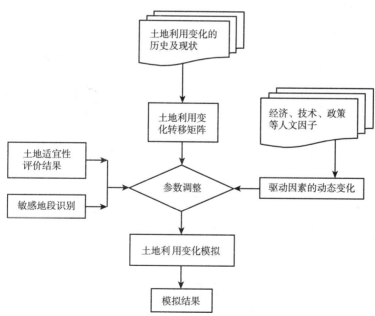

图 7-3　基于 CA-Markov 的土地利用变化预测模拟路线

7.3.2　结果分析

通过提取关中地区的建设用地并与预测结果的模拟图进行对比分析，研究结果表明，未来一段时间内，建设用地主要呈现向相邻区域蔓延扩展的趋势，而各个建设用地的斑块规模和扩展速率存在差异，因此其扩展的范围也有一定的差异，一些分布较为分散的零碎斑块，在扩展后，则连接成片（见图7－5）。

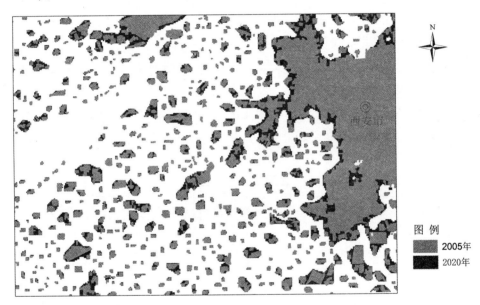

图7－5　现状与模拟结果的对比（以建设用地为例）

7.4

土地利用格局优化

7.4.1　土地优化配置的指导原则

根据土地资源优化配置的生态和社会经济相协调的总体原则，结合关中地区土地利用现状和存在的主要问题，确定此区域土地优化配置的指导原则：

（1）生态优先原则。

在土地优化配置中首先考虑生态环境效益，尽量减少水土流失和土地退化等土地生态环境问题，以提高土地生产力，可以通过限定林地、草地的最低保有量以及调整林地、草地、耕地和水域等的结构实现。

（2）统筹兼顾原则。

在满足生态环境建设所需的情况下，确保社会经济持续健康发展，两者相辅相成，在达到较好的社会经济效益的同时，也能促进生态环境的建设，从而做到统筹兼顾。

（3）因地制宜原则。

土地优化配置中的因地制宜应该包括两层含义：一种是根据土地利用本身的特点，结合其所处的区位进行对比，如果处于适宜状态，则保留，否则应当改变当前土地利用现状；另一种则是当处于不适宜状态时，可以改变其适宜性条件，使其满足当前土地利用的需要，总体目标是确定土地利用资源的最佳利用方式[155]。

（4）地尽其能原则。

合理安排各种土地利用类型的结构，在保障高产稳产的耕地的基础上，可以进行农业产业结构调整，使农业生产效益达到最高，优化城镇布局，使单位面积上的土地收益不断提高。

（5）集约利用原则。

对某一个地块或者是某一种土地类型进行结构调整时，应以实现区域土地的最大产出和土地利用效益为目标，在区域土地利用结构合理的基础上，最终实现各种土地类型的集约高效利用。

（6）可持续发展原则。

可持续发展既是一个目标，也可以认为是一个动态过程，应通过长期和短期的规划相结合，并针对不同时期的土地利用现状、需求以及出现的问题，适时对优化方案进行调整。

7.4.2　基于灰色线性规划模型（GLP）的总量控制

灰色线性规划是在线性规划和灰色模型的基础上发展起来的，线性规划模型是静态模型，不具备动态规划的能力，并且在模型的运算过程中，还常常无解，不适应自然环境和社会经济等要素的动态变化情况下的动态规划，而土地优化配置本身就具有灰色特性，借助此模型可以求解未来某区域的土地利用结构优化值，寻求满足最大效益的规划方案。由于灰色线性规划中的约束条件系数是灰区间数，规划者可按区间内的任一白化值进行规划，通过综合吸收各个学科的研究成果，特别是当国土规划、城市规划、农业区划的成果有变动的情况下，根据变化调整优化方案，从而使规划灵活多变，体现模型与现实的密切联系[156]，因此该模型是土地优化配置中较为成熟的数量模型。灰色线性规划模型的数学表达式为：

$$\max(\min)Z = CX = \sum_{i=1}^{n} c_i x_i \qquad (7-2)$$

$$满足 \begin{cases} \otimes(A)x \leqslant (=, \geqslant)b \\ x \geqslant 0 \end{cases}$$

其中，$x = [x_1, x_2, \cdots, x_n]^T$ 为决策变量向量；$C = [c_1, c_2, \cdots, c_n]$ 为目标函数的价值系数向量；$C_j(j = 1, 2, \cdots, n)$ 可以是灰数，$\otimes(A)$ 为约束条件的系数矩阵，A 为 $\otimes(A)$ 的白化矩阵，即：

$$\otimes(A)\begin{bmatrix} \otimes_{11} & \otimes_{12} & \cdots & \otimes_{1n} \\ \otimes_{21} & \otimes_{22} & \cdots & \otimes_{2n} \\ \cdots & \cdots & \cdots & \cdots \\ \otimes_{n1} & \otimes_{n2} & \cdots & \otimes_{nn} \end{bmatrix}$$

$$A = \begin{bmatrix} a_{11} & a_{12} & \cdots & a_{1n} \\ a_{21} & a_{22} & \cdots & a_{2n} \\ \cdots & \cdots & \cdots & \cdots \\ a_{n1} & a_{n2} & \cdots & a_{nn} \end{bmatrix} \qquad (7-3)$$

其中，$\otimes_{ij} \in [\underline{a}_{ij}, \bar{a}_{ij}]$，$\underline{a}_{ij}$ 和 $\bar{a}_{ij}$ 分别为 $\otimes_{ij}$ 的下限值和上限值；$b = [b_1, b_2, \cdots, b_n]^T$ 为约束向量。

7.4.2.1 变量设置

进行格局数量优化之前，需准备最近的土地利用现状数据，将其作为研究初期的初始土地利用状况，研究采用的是前面部分的土地利用解译结果。根据区域土地资源特点和研究需要及目的，共设耕地、林地、草地、水域、建设用地和未利用地6个变量，分别用x1、x2、x3、x4、x5、x6来表示。

7.4.2.2 约束条件

以实现关中地区土地可持续利用为目标，总量控制通过灰色线性规划方法提出土地面积、人口、粮食供求、生态建设、经济发展和数学模型约束6个方面共8个约束条件来进行其土地利用格局优化模拟，具体论述如下：

（1）土地总面积约束。关中地区的土地总面积为55307.86km²，各种土地利用类型的面积之和应该等于土地总面积，即：

$$x1 + x2 + x3 + x4 + x5 + x6 = 55307.86km^2$$

（2）实际情况约束。从关中地区历年来土地的变化特征和发展趋势可以看出，建设用地在未来一段时期内还会保持继续增长的趋势，其面积要大于现状；在较短的研究时段内（仅为10a），研究中假设水域和未利用地面积保持不变，即：

$$x5 \geqslant 2682.251km^2;$$
$$x4 = 702.53km^2;$$
$$x6 = 83.995km^2。$$

（3）人口总量约束。人口主要分布于农用地和建设用地，在研究过程中，为了简化模型并使模型具有可操作性，采用农用地和建设用地的承载人口数与人口总数建立约束条件，这两种主要土地类型上所承载的人口应低于预测的人口总数，即：

$$400.72 \times (x1 + x2 + x3) + 4130 \times x5 \leqslant 27036093 \text{ 人}$$

其中，系数分别为农村人口密度和城镇人口密度。根据《关中城市群建设规划》的要求，2020年关中地区的城镇人口要达到1565万人，本书即采用该规划的要求，按照此规划预测2020年关中地区的城镇和农村人口密度，预测结果为农村人口密度400.72人/km²，城镇人口密度4130人/km²。

（4）林地面积约束。林地对保障关中地区的生态安全起着非常重要的作用，相关研究表明，林地的土壤侵蚀量要小于草地和农业用地，具有较高的涵养水源和水土保持等生态服务价值功能，生态环境整治还将继续，因此现有的林地将得到保护，并在此基础上，形成增长的趋势，现有的林地面积为 12948.0175km^2。

$$x2 \geqslant 12948.0175km^2$$

（5）耕地面积约束。关中地区是陕西省乃至西北地区的粮食主产区，因此在设定耕地面积约束条件时，应考虑关中地区乃至陕西省粮食安全，相关研究表明，粮食自给率≤0.9 为粮食输入区；等于 1 为粮食自给自足区；≥1.2 为粮食输出区。在关中地区保有一定规模的耕地面积是保障粮食安全的必要条件，以关中地区的粮食需求总量和总产量计算，其中关中 2005 年人均粮食消费需求量为 352.80kg/a，对于预测值则采用的是针对此区域的相关研究成果[157]，根据此预测结果，关中地区 2020 年的人均粮食消费需求量为 385.40kg/a；根据 GM（1,1）预测的关中地区 2020 年的总人口为 2703.6093 万人；2005 年的粮食单产为 5071.33kg/hm^2，预测的 2020 年粮食单产为 7208.429kg/hm^2，粮食单产的灰区间取 5071.33kg/hm^2 ~ 7208.429kg/hm^2。

$$720842.9kg/km^2 \times x1 \geqslant 385.40 \times 27036093 \times 1.2$$

（6）设定关中地区的社会经济将保持持续增长的态势，以生态和经济的协调发展为目标，选择 GDP 和农业、林业、牧业和工业的产值作为评价指标进行约束。

367.126x1 +34.732x2 +449.836x3 +106.341x4 +55970.149x5 ≥77500000 万元

（7）**367.126x1 +34.732x2 +449.836x3 ≥15216861.657 万元**。

其中，各系数分别为耕地、林地、草地、水域和建设用地单位面积上的收益（万元/km^2），是将历年各项统计数据中的单位面积收益用 GM（1,1）模型预测得到，根据相关研究，关中地区的 GDP 将增加到 2020 年的 7700 亿元[155]。

（8）数学模型约束：**满足 xi≥0，i =1，2，3，4，5，6**

模型中各个约束性条件的约束值是通过各种模型进行预测得到，如灰色预测模型，根据时间序列的数据，以时间作为变量进行预测，运用灰色模型的优点是针对原始数据比较缺乏的情况下，采用概率统计的方法无法找出数据的变化规律，运用此模型则比较合适，预测的精度较高，其中最常用的模型为 GM（1，1），预测所需基础数据来源于《陕西省统计年鉴》等统计资料，根据相关研究中的分析结果，在定量预测和定性分析的基础上，进行校正，最后进行估算得到相应的值。

7.4.2.3　目标函数

区域土地优化配置的总目标主要由经济目标、社会目标和生态目标组成，对关中地区土地利用优化的配置中，将目标函数定义为区域土地资源利用的经济收益最大化。

$$F(X) = 367.126x1 + 34.732x2 + 449.836x3 +$$
$$106.341x4 + 55970.149x5 + 13.67x6 \qquad (7-4)$$

目标函数中的系数分别为耕地、林地、草地、水域、建设用地、未利用地单位面积上的收益（万元/km^2）。

7.4.2.4　土地利用格局优化总量控制方案

从数学分析角度看，其白化值可以取灰区间的上限值和下限值，也可以取区间内的任何一个数值，因此理论上优化方案可以有无数种。本书选取了粮食单产和人口总数两个参数的上限值、下限值和中间值所得出的 6 种优化方案进行了配置，根据约束条件和人口、粮食单产的组合，得出 6 种配置方案中的各种土地利用类型数量（见表 7-4）。

表 7-4　　　　　　　　　关中地区 2020 年土地利用优化数量配置方案

	方案 1	方案 2	方案 3	方案 4	方案 5	方案 6
人口/人	22417300	24726697	27036093	22417300	24726697	27036093
单产/（kg/hm^2）	7208.429	7208.429	5071.33	5071.33	5071.33	7208.429
耕地	23649.33	23534.33	24655.57	21443.46	22456	20532
林地	13864	14125	12988.53	15341.9	14352	15531
草地	14008	13762	13753.73	15053.73	14613.33	14594.32
水域	702.5358	702.5358	702.538	702.538	702.53	702.53
建设用地	3000	3100	3123.5	2682.234	3100	3864.01
未利用地	83.9953	83.9953	83.9953	83.9953	83.9953	83.9953

根据各种方案配置的结果可以看出：

方案 1 为在粮食单产增加的情况下，达到预期的最高产量 7208.429kg/hm² 的情况下，在耕地面积减少的情况下，而人口数量则为人口灰色区间的下限值，林地、草地和建设用地都呈现增长的趋势，在这一情形下，由于人口总数增长很少，因此承载大部分人口数的建设用地的面积增长的幅度不大。

方案 2 为生态建设力度较大的一种情况，在这种情况下，粮食单产为预测的上限值，为 7208.429kg/hm²，人口总数为人口灰度区间的中值，在这种方案下，耕地面积进一步减少，而建设用地面积和林地面积增加。

方案 3 为人口数达到预测的上限值，人口总数为 27036093 人的情况下，而粮食单产为下限值，为 5071.33kg/hm²，在这种方案下，必须保持一定数量的耕地面积，因此可以称为粮食安全保证模式，在此模式下，应该遵循"吃饭优先"的原则，林地面积可以允许小幅度的增长，随着人口规模的增大，建设用地也会呈现增长的趋势。

方案 4 为人口和粮食单产处于灰色区间的下限值的情况下，由于人口数增长不大，因此耕地的减少主要为林地和草地，建设用地也增长不大，因此跟方案 1 的情况和目标具有较大的相似之处，人口控制较严，充分考虑生态建设，而建设用地面积增长不大。

方案 5 和方案 2 具有一定的相似之处，在这种方案下，人口总数将处于中等，而粮食单产将保持在下限值，建设用地的面积将保持一定数量的增长，林地和草地的面积也将增长，其耕地面积在各种方案中将保持在中等水平。

方案 6 为人口总数达到最大，而粮食单产也达到最大值，在这种情况下，关中地区的建设用地增长的面积也将较大，对于生态建设具有重要作用的林地和草地面积也将增加，耕地面积则减少。

通过对人口和粮食单产的灰度区间的不同数值的选取，构建了关中地区 6 种土地优化配置的数量分配和规划方案，对这些方案进行比较可以发现，每一种方案对应于不同的情景。

7.4.3 优化方案的空间布置

土地利用空间优化配置的方案与技术框架主要是面向优化目标，根据空间数据、属性数据，由 GIS 和灰色线性规划模型协调实现。许多研究试图集成土地优化配置的组成部分，包括土地适宜性评价、土地供需、约束性条件等，如瓦赫宁根大学开发的 CLUE-S 模型，在全球一些地区进行了试验，并取得了较好的效果，但是这些模型由于各个国家的国情不同，即使是同一个国家，各个区域的自然条件和社会经济发展水平也存在很大的差异，规划的目标和模型的设置参数也存不完全相同，因此这些模型不能笼统地应用于国内土地利用优化配置的实践，此外，这些模型都是通过各种参数的设置进行运行的，对于农户需求、政策要求、风俗习惯等潜在驱动因素考虑得较少，因此其配置的结果的实践指导价值有限。

有鉴于此，本章根据前面研究的结果，以土地利用现状作为基础，以土地适宜性评价结果作为配置的根本依据，参考 CA-Markov 模型的预测和灰色线性规划的结果，以专家知识和相关研究成果作为参考，构建关中地区的土地空间优化配置框架（见图 7 - 6）。

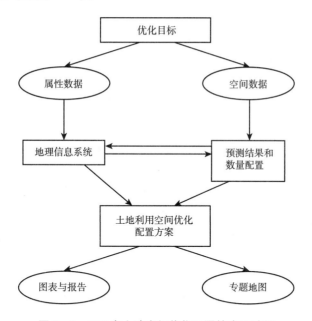

图 7 - 6　GIS 在土地空间优化配置的应用过程

基于 GIS 的关中地区土地优化配置的方案的思路为：

（1）以土地适宜性评价结果生成适宜区内土地利用类型的不同等级的空间配置单元。

（2）土地利用类型空间属性的赋予，即明确不同土地利用类型与空间配置单元的对应关系。

（3）以灰色线性规划的结果为各种土地利用类型提供面积约束。

（4）遵循空间配置原则，将数量配置的结果分配到空间上，本书中采取的是对各种地类的斑块的调整实现。

（5）对土地优化空间配置的结果进行制图，以可视化形式展示，并利用其属性数据生成相应的图表和报告。

7.4.3.1 模型应用空间域的界定

对土地利用优化进行空间配置之前，需要对主要地类的空间范围进行界定，主要地类的空间分布不会发生较大改变，如林地主要分布于秦岭北麓山地区，耕地主要分布于关中平原地区，而城市建设用地等大面积的建设用地斑块短期内不会发生较大的改变。特殊用地类型的范围，采用 CA-Markov 模型的预测结果，通过以模型预测的城市建设用地、水域作为土地优化配置的现状。对预测结果中的林地面积保持不变，以此为基础，对位于不适宜耕作区域的耕地进行转换，使其转为林地或者草地。

7.4.3.2 优化方案的空间布置

优化方案空间布置就是依据一定的原则，应用 GIS 技术手段将数量配置的结果分配到空间上，本书所依据的研究区土地利用空间优化配置的原则包括：

（1）以土地适宜性评价结果为基本的配置原则。空间上体现为：耕地主要分布在渭河平原、黄土台塬以及其他河流的河谷、河漫滩等区域，林地和草地主要配置在坡地和土壤质地较差、水源不是很充足的地区。

（2）土地配置的过程中应考虑土地利用现状，尽量减少土地利用类型调整的面积，而根据优化方案需要调整的部分，同一土地利用类型应整合成片（见图 7-7），以方便管理和经营，而且对于提高林地和草地的生态系统服务价值都具有较大的功效。

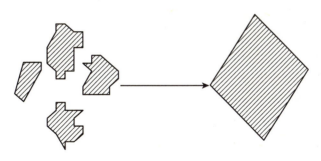

图7-7　分散的同种土地类型整合成片

（3）森林公园和自然保护区内的土地利用格局一般保持不变，关中地区的秦岭北麓和渭河、黄河湿地等分布着多个自然保护区（见图7-8），对于地区的生态环境具有重要的作用，因此原有的格局应该保持不变。

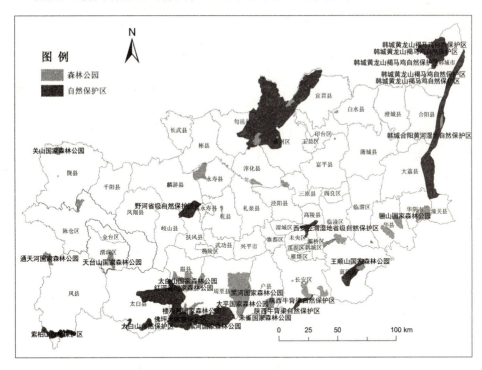

图7-8　关中地区自然保护区和森林公园的分布

（4）土地配置的优先顺序为，首先对耕地进行配置，调整处于不适宜空间位置的耕地，其次调整林地和草地。

按照所建立的关中地区的土地空间优化配置原则，运用 GIS 的方法对各种地类进行调整，其调整过程为：首先基于 CA-Markov 模型预测的土地利用变化图，统计出各种地类的预测面积，其次结合关中地区土地适宜性评价结果，对处于不适宜区域的地类斑块进行调整，最终得到关中地区的土地利用空间优化配置结果模拟图（见图 7 - 9）。

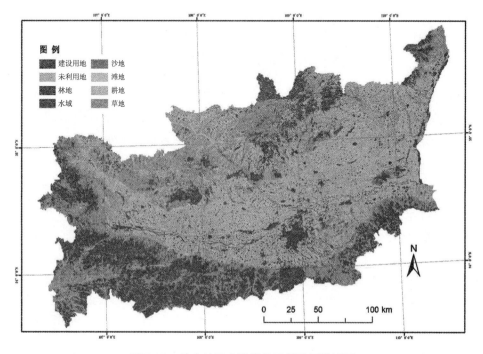

图 7 - 9　关中地区土地优化配置结果模拟图

根据土地利用的现状和空间优化配置的结果，对主要地类的斑块需要调整，其中耕地的调整主要位于秦岭北麓和渭北黄土高原丘陵沟壑区（见图 7 - 10）。从行政单元看主要位于陇县、宜君、旬邑、韩城、太白、周至、蓝田和潼关等市（县）。

从优化后的模拟结果可以看出，所得出的各种土地利用类型的面积，耕地面积和未利用地面积将减少，而林地、草地和建设用地的面积将增加（见表 7 - 5）。

图 7 – 10　需调整的耕地斑块及分布

表 7 – 5　　　　　　　　优化配置前后各种土地利用面积对比　　　　　　单位：km²

	建设用地	未利用地	林地	水域	沙地	滩地	耕地	草地
现状	2677.00	29.46	12841.84	481.20	53.97	221.34	24953.42	14049.65
优化后	3174.78	7.91	13068.71	768.65	53.20	312.36	22492.64	15429.61

7.5

基于县域单元的土地利用分区

　　土地利用分区、土地利用/覆盖变化研究和土地适宜性评价作为土地利用系统分析的重要组成部分，与土地资源的合理利用有着密切的联系，其中正确合理的土地利用分区关系到土地资源配置结果的合理性和科学性[159]。

　　土地利用分区主要就是充分考虑地区自然生态与环境基础、资源条件与利用潜力、经济效益与开发需求，遵循区域相似性、差异性和等级性原则，因地制宜划分开发与保护空间，缓解经济社会发展与资源环境的矛盾。其目的就是探讨土地利用的组成及综合性特征，尤其是其结构和功能特征，了解土地利用存在的问题，为区域土地可持续利用提供理论基础[160,161]，因此，在我国人多地少的基本国情下，了解区域土地资源特征及优势，通过对土地资源利用合理布局，对保障社会经济可持续发展具有重要的意义。本节将对关中地区的土地利用进行综合分区研究，并从县域尺度对土地利用进行宏观调控。

7.5.1 数据来源与指标体系构建

7.5.1.1 数据来源

在对土地利用进行分区的过程中，需要建立一个对区域土地利用有着重要影响的因子库，对于不同的地区而言，影响土地利用分区的因子库不完全相同。本书中土地利用分区所使用的数据主要来源于陕西省统计局编制、中国统计出版社出版的《陕西省统计年鉴》（2006～2008年）；1：25万数字高程模型（DEM）数据；陕西省国土资源厅编制的《陕西省土地详查数据》（2005～2007年）；河流和道路交通网等矢量数据；关中地区多年平均降雨量的空间分布图。

由于社会经济数据的统计是以县和区作为基本单元进行统计的，为了保证数据的完备性，研究以县和区作为基本评价单元，对于自然要素则通过空间插值、分类区统计和叠加分析等地理信息系统的空间数据处理方法计算出各评价单元相关要素的值。

7.5.1.2 指标体系构建

指标体系是进行土地利用分区的依据，指标体系的确立和各个指标的选取要尽可能地体现区划的目的，并反映其区域分异规律[162]。土地利用是社会经济、自然生态相结合的复杂系统，必然受到自然生态规律和社会经济规律的制约，从而形成服务于不同利用目的的土地利用区。综合反映区域土地利用状况，使用指标过多则工作量大且不利于综合分析[163]，因此，在对关中地区的土地利用进行分区的研究过程中，对于指标的选取，遵循了指标的科学性、合理性、代表性和数据的可获得性的原则，通过查阅文献，咨询专家，进行筛选和调整，最终建立关中地区土地利用综合分区的指标体系。

对于区域的社会经济状况从两个方面进行考虑：（1）社会经济发展的现

状水平。主要选取人口密度、人均 GDP、农民人均纯收入和城镇化率等社会经济指标。（2）社会经济发展的优势。包括区域社会经济发展竞争力形成所应具备的条件，主要选取高中、中专及以上受教育人口所占总人口的比例、单位面积内交通干线路长度以及固定资产投资等发展优势指标进行分析。为了消除个别年份由于特殊原因造成的数据的偏差，其中的社会经济统计数据采用了 2005 年、2006 年和 2007 年的平均值。

对于自然生态方面，本书主要确定了三个方面：（1）自然本底。考虑到降水量对于西北地区生态环境所具有的重要意义，选取了多年平均降雨量指标，并利用关中地区县级行政区划图对栅格数据进行分类区统计计算出各个县区的年平均降雨量；另一个指标是地形起伏度指标，通过 1∶25 万 DEM（数字高程模型）计算获取。（2）生态服务。选取了水域面积比重、森林覆盖率、河网密度、土地资源承载指数及净第一性生产力（NPP）等指标代表土地提供的生态服务。其中土地资源承载指数表征土地资源承载状况，为目前相关研究中提出的人均每年消耗 400kg 粮食下[164]，各县区年生产的粮食总量所能供养的人口与实际人口之比。（3）特殊生境。关中地区是我国历史文化遗迹较为集中的地区，而在秦岭山区、渭河和黄河湿地等地区也拥有数量较多的不同级别的自然保护区，因此研究选取了历史文化名城和自然保护区两个特殊生境指标，关中地区有国家级历史文化名城西安市、韩城市、咸阳市，省级历史文化名城凤翔、乾县、三原、蒲城、华阴，为了能使这些评价因子定量化，采取了分级定量的方法，图7-11（见附录）为部分指标数值的空间分布状况。

在研究过程中，为了对各评价单元的社会经济状况的综合评价结果和自然生态的综合评价结果的空间分异进行定量分析，采用了社会经济综合指数和自然生态综合指数。

7.5.2　数据标准化和权重的确定

7.5.2.1　数据的标准化

各种类型的指标由于与评价总目标的作用趋向不同而分为正向指标和逆向指标，本书采用极值法对指标的原始数值进行了无量纲化处理，其计算公式为：

正向指标：

$$Y_i = \frac{x_i - x_{min}}{x_{max} - x_{min}} \qquad\qquad (7-5)$$

逆向指标:

$$Y_i = \frac{x_{max} - x_i}{x_{max} - x_{min}} \qquad\qquad (7-6)$$

其中,Y_i是标准化后的值,X_i是原始值,X_{max}和X_{min}分别是某指标的极大值和极小值。

7.5.2.2 权重值的确定

根据关中地区社会经济发展特点和自然生态状况,对社会经济综合评价结果影响最大的是社会经济发展水平,这是社会经济发展驱动因素长期作用的具体表现。对自然生态综合评价结果影响最大的是生态服务,其次是自然本底。在具体的计算过程中,为了避免片面性和主观性,应当采用合理的技术方法确定指标的权重,本书邀请了相关研究领域的 30 位专家进行打分,通过层次检验,计算出各个评价因子的权重,并进行一致性检验,当一致性指标小于 0.1 时,则认为判断矩阵具有满意的一致性,否则需要重新判定。

根据所确定的权重值可以看出(见表 7-6),社会经济发展水平指标中的人均 GDP 指标权重最大,关中地区的高等教育在陕西省甚至全国都具有重要

表 7-6 　　　　　　　　关中地区土地利用分区评价指标及权重分配

	指标	权重值		指标	权重值
社会经济发展水平(0.547)	人口密度（人/km²）	0.122	自然本底(0.298)	多年平均降雨量（mm）	0.132
	人均 GDP（元）	0.184		地形起伏度（m）	0.166
	农民人均纯收入（元）	0.136		水域面积比重（%）	0.101
社会经济发展优势(0.453)	城镇化率（%）	0.105	生态服务(0.642)	森林覆盖率（%）	0.15
	教育水平（%）	0.175		河网密度（km/km²）	0.1
	交通网密度（km/km²）	0.165		土地资源承载指数	0.151
	固定资产投资（亿元）	0.113		NPP（g/m²·年）	0.14
			特殊生境(0.06)	自然保护区	0.035
				历史文化名城	0.025

的地位，因此教育水平指标的权重也相对较大。自然生态指标中以地形起伏度为最大，其次为土地资源承载指数。

7.5.3　综合性指数计算和空间分布格局

7.5.3.1　综合性指数计算

在指标权重确定的基础上，将各个评价指标通过公式计算出各个县区的社会经济综合指数和自然生态综合指数，计算公式如下：

$$EN_i = \sum_{j=1}^{n} n_j P_j \qquad (7-7)$$

$$ES_i = \sum_{j=1}^{n} S_j P_j \qquad (7-8)$$

其中，EN_i 和 ES_i 分别为自然生态综合指数和社会经济综合指数；s_j、n_j 和 p_j 分别为第 j 个社会经济指标、自然环境指标和相应的权重值。通过以上公式分别计算出关中地区各县区的自然生态综合指数和社会经济综合指数。

7.5.3.2　空间分布格局

Getis 和 Ord 提出了度量每一个空间位置上的观测值与周围观测值之间是否存在空间关联的 G 统计量[165]。此统计量是单元 i 的周围邻居位置上的观测值之和与所有空间位置上的观测值之和的比值，能够用来识别在某一给定距离范围（d）内，单元 i 和周围邻居之间是高值的空间集聚（Hot Spots）还是低值的空间集聚（Cold Spots），当 i 位置上的观测值包括在内时，称为 $G_i *$ 统计量[166]。研究过程中通过运用空间关联指数的探索性数据分析方法（ESDA）可以较为客观地揭示社会经济综合指数和自然生态综合指数的空间格局。其具体计算模型为：

$$G_i^*(d) = \frac{\sum_i w_{ij}(d) x_j}{\sum_j x_j} \qquad (7-9)$$

$$Z(G_i^*) = \frac{G_i^*(d) - E(G_i^*)}{\sqrt{VAR(G_i^*)}} \qquad (7-10)$$

其中，G_i^* 为局域空间关联指数，Z 为检验值，E 为期望值，VAR 为方差，w_{ij} (d)为空间权重，x_j 为自然生态综合指数或者社会经济综合指数。根据此模型计算出自然生态综合指数和社会经济综合指数的空间关联指数及其检验值，根据检验值进行判定并对其从高到低进行分类（见图 7 - 12 和图 7 - 13，附录），如果 Z 值为正，且非常显著，则表明位置 i 周围的值相对较大（高于均值），为高值空间集聚；反之，如果为负，且非常显著，则为低值空间集聚。

7.5.4 分区结果分析

7.5.4.1 自然生态综合评价结果及分析

根据自然生态综合指数的空间关联测度（见图 7 - 12），高值集聚区主要位于秦岭北麓沿线，其最高指数值为 0.6304，这一地区植被覆盖率较高，降水量相对较丰富，净第一性生产力水平较高，生态服务功能较强；其次为渭北黄土高原部分地区，由于此区域为黄土高原脆弱生态环境重点保护区，设立了一定数量的自然保护区以及西部大开发以来生态建设不断加强，使生态环境呈现较好的状态。以西安市主城区、秦都区、渭城区、临渭区、王益区等地区中心城区和富平县、蒲城县、澄城县、合阳县、礼泉县、泾阳县以及韩城市属于自然生态综合性指数低值集聚区，其中指数最低值为 0.2913，其原因主要是这些地区的主要自然生态指标如森林覆盖率、水域面积所占比例相对其他地区较低。总体上看，关中西部地区的自然生态综合指数高于东部地区。

7.5.4.2 社会经济综合评价结果及分析

社会经济综合指数的高值集聚区主要包括关中地区主要中心城市及其城郊区（见图 7 - 13），其中莲湖区的指数值最高，为 0.8062。地区中心城区通常是区域经济中心，基础设施完善，交通发达，教育文化水平高，其次远郊区县由于紧邻中心城区，受其辐射作用的影响，社会经济发展水平较高，具有较大的发展前景，还有一些是矿产资源型城市，如韩城市、铜川市等，由于资源经济发展，使其在关中地区的社会经济格局中占据较为重要的地位。社会经济综合指数的低值集聚区主要位于渭北黄土高原区和秦岭山地，地形起伏较大，包括陇县、千阳县、太白县、周至县、长武县、彬县、旬邑县、永寿县、淳化县、宜君县、富平县、白水县、大荔县和合阳县等 14 个县区，占总县区数的 25.92%。

7.5.4.3　土地利用综合分区结果分析

结合关中地区的自然生态综合指数和社会经济综合指数的格局分析，并考虑综合自然条件、土地利用特点和区划空间单元的连续性，对关中地区的土地利用进行综合分区。对于土地利用综合分区的定量研究方法，主要包括矩阵分类方法、矢量运算模型和综合指数评价模型[167-170]。本书在对关中地区综合分区过程中，考虑了社会经济综合指数和自然生态综合指数格局的耦合状况，因此采用矩阵分类方法进行综合分区。矩阵分类法是基于准则层的定量评价结果两两组合以进行分类（见图 7-14），运用此评价方法所得出的分区结果与实际情况最为吻合，把关中地区的土地利用分为五种类型（见图 7-15，附录）。

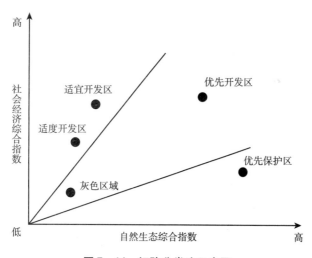

图 7-14　矩阵分类法示意图

（1）优先开发区：属于社会经济已经发展到较高水平，而且自然生态本底较好的地区，由宝鸡、西安、咸阳和杨凌的 10 个地级市市区组成。这个区域开发历史悠久，人口密集，人地矛盾十分突出，环境压力较大，土地面积 2731.12km² ，占总面积的 4.93%，人口数量为 542.25 万人，占关中地区总人口数的 24.94%，人均 GDP 达到了 15904.95 元。

（2）适宜开发区：属于自然生态环境良好，具有较强的社会经济开发前景，是关中地区经济发展的重要潜力区。包括凤县、陈仓区、岐山县、眉县、扶风、乾县、兴平市、三原县、户县、长安区、临潼区、耀州区、王益区、印台区、临渭区和韩城市。此区域土地面积 19839km², 人口数为 768.35 万人，占总人口数的 35.33%，人均 GDP 为 6257.49 元，其经济发展水平高于关中地区的平均水平。

（3）适度开发区：属于社会经济发展较好，自然生态环境一般的地区，包括陇县、凤翔县、麟游县、长武县、彬县、永寿县、淳化县、武功县、白水县、大荔县、华县、华阴市和蓝田县。此区域在保护生态环境前提条件下可以进行适度开发。这个区域土地面积 14783km², 人口数为 416.85 万人，占总人口数的 19.17%，人均 GDP 为 5180.45 元。

（4）优先保护区：属于土地利用中以生态保护用地占重要地位，适度发展社会经济的地区。包括太白县、周至县、千阳县、旬邑县和宜君县。这个区域土地面积 11066km², 人口数为 118 万人，占总人口数的 5.43%，人均 GDP 为 4891.48 元。

（5）灰色区域：属于关中地区社会经济发展滞后、自然生态环境较差的地区。主要分布在关中东部，包括礼泉县、泾阳县、合阳县、富平县、蒲城县和澄城县。这个区域土地面积 6936km², 人口数为 329.10 万人，占总人口数的 15.13%，人均 GDP 为 4183.24 元。

根据综合评价结果，并结合关中地区三大地貌单元，秦岭北麓地区是关中地区的重要生态屏障和水源保障地，其中部分县区处于渭河平原和秦岭山地的过渡地带，因此，既是重要的生态用地，也是关中地区社会经济发展的延伸地带。另外，秦岭山区有我国"中央公园"之称[171]，具有丰富的自然旅游资源，此区域可以成为关中地区的重要的生态旅游区和生态服务区。渭河沿线的渭河平原地势平坦，农业生产条件优越，既是关中地区社会经济活动最为聚集的地区，也是主要的粮食产区，以优先开发地区为先导，带动沿线适宜开发区快速发展，发展高新农业产业，提高土地资源承载力。渭北黄土高原区是关中地区生态最为脆弱的地区，水土流失严重，因此以适度开发为主，并且对保障黄土高原脆弱生态环境具有重要作用的土地利用区实行优先保护。

7.6

小　　结

　　本章基于关中地区的土地利用系统综合分析，运用 CA-Markov 模型对关中地区的土地利用变化进行了预测研究，并将预测结果以空间分布的形式展现。通过灰色线性规划模型（GLP），对关中地区 2020 年的土地利用格局进行了数量上的优化调配，并分析不同设定情境下的土地利用数量结构，对土地利用进行了优化调配模拟，研究结果表明：

　　（1）尝试采用土地利用配置的空间模拟模型和数量配置模型相结合的方法，对关中地区的土地利用进行了优化配置模拟，模拟的结果对土地利用具有一定的前瞻性和指导价值。

　　（2）基于土地自然生态和社会经济属性，构建综合分区评价指标体系，并运用探索性空间数据分析方法，对关中地区土地利用社会经济和自然生态的重要性格局进行了分区研究。其中南部秦岭山区和北部黄土高原部分地区的自然生态综合指数要高于渭河平原区，其最高指数值为 0.6304，社会经济综合指数空间分布为以中心城区为中心的渭河平原区要高于秦岭山区和黄土高原区，其最高指数值为 0.8062。

　　（3）基于社会经济综合指数和自然生态综合指数格局的耦合状况，采用了矩阵分类方法把关中地区的土地利用综合分区为五个类型的区域：优先开发区、适宜开发区、适度开发区、优先保护区和灰色区，分区结果可以为关中地区土地利用提供科学的定量依据。

　　（4）通过构建多尺度研究方法，弥补了数据处理、模型限制等的缺陷，使研究结果能满足土地优化配置的理论与实践需求。

第8章

土地优化利用调控对策研究

如前所述，关中地区带有较强的地域特色，不仅是我国西北地区社会经济发展的核心区域之一，也是地貌类型复杂的区域，区域内的社会经济发展水平存在差异，在社会经济和自然要素等多种外力的共同作用下，关中地区土地利用格局正经历着前所未有的变化，因此，要在此区域实现土地资源优化利用和区域可持续发展，必须遵循生态系统演变规律和社会经济发展规律，结合土地资源优化配置的相关理论和实践经验，从政策、市场机制、生态设计、居民行为等方面提出对策建议。本章基于关中地区土地利用时空动态分析、模拟和土地适宜性评价和综合分区结果，进一步提出关中地区土地优化配置的对策与建议。

8.1

农村居民点整治

农村建设用地的增多是关中地区建设用地增长的一个主要部分，由于农村人口数量的增多，需要增加相应的住宅以及配套的生活和生产设施，而随着农民收入的提高，提高生活质量和居住条件的需要，对于以前的宅基地则放弃使用，成为闲置用地和"空心村"，关中地区大量农村人口向城市的迁移，但是原有的宅基地并没有改为其他用途的土地利用类型。农村居民点的用地整理是针对农村居民点凌乱分散的情况下，对农村居民点内的空间结构和总体上的布局进行调整和改造，也是实现土地优化集约利用、改善农村生产生活条件的重要手段和途径。

　　农村居民点用地的集约利用可以分为两种模式：一种是分散模式下的集约；另一种是集中模式下的集约[172]。分别针对不同自然条件下的提出的模式，前者主要是由于地形条件的限制而形成的居民用地模式，对于这种模式，可以充分考虑社会经济和生态效益，如位于山区，通过分散的集约用地建设，可以考虑到农业生产的便利程度，后者是地形条件限制作用较弱的情况，对农村居民点的集约利用模式。

　　关中河谷平原地区是耕地资源最为丰富、耕作条件也较好的地区，同时也是人口最为集聚的地区，因此也是人地关系矛盾最为突出的地区。此区域由于地势平坦，建设农村居民点受到的自然条件约束较少，农村居民点的密度较高而且较为分散，过多分散的农村居民点布局导致修建村镇相通的道路、水、电等基础设施的用地面积会呈现增长的趋势，造成对土地资源的浪费，也不利于改善农村居民生活条件。对于关中河谷平原地区，由于具备大规模集约生产经营的条件，随着农业现代化技术发展和农业投入的增加，此前分散的居住用地对于就近耕作的意义逐渐变得不太明显，因此也就具备了农村居民点的分散模式向集聚模式转变的条件，比较适合采用集中模式下的集约利用，运用此模式的农村居民点的集约利用，有利于改善分散状态下的农村居住生活条件，有限的资金可以集中用于改善中心居住用地的卫生、交通、基础教育等条件。通过政府主导，对区域中心集聚地的软硬件设施的建设，实现农村居民点用地斑块的集聚，通过制定相应的激励机制，鼓励居民把原有的废弃不用的宅基地转为其他生产或生态用地。

　　对于秦岭北麓山地区和渭北黄土沟壑区的农村居民点分布，由于地形条件限制，比较适合分散的集约用地模式，首先应该遵循其自然选址的情况，建立分散的农村居民点组团。

　　道路交通的建设对于改善居民出行条件和物质流的输入输出都具有重要的作用，但是对于农村地区，过于密集的不同等级的道路对土地资源也会造成浪费，对于在一些生态敏感地区修建道路，还会加剧对脆弱生态环境的干扰，因此需要对道路交通进行合理规划，降低道路交通网的密度，一方面可以促进农村居民点向区域主要道路旁的集聚；另一方面可以降低道路交通网对土地资源的占用。通过合理选址、修建道路交通，建立点网相结合的农村居民点用地的分布格局。

8.2

耕地整理和改造

关中地区的耕地既要满足当地乃至陕西地区的粮食安全的需要，也要面临着生态建设和建设用地增加的占用的态势，耕地资源的浪费也非常严重，一些大学园区、开发区"圈地现象"屡有发生[173]，对于关中地区的耕地优化可以通过改造、整理和保护等多种手段因地制宜地实施。

关中大部分地区的水热条件都适合农作物的生长，对于农作物非常适合生长的地区，但是又位于生态环境敏感区域如黄土高原丘陵沟壑区等，如果按照理想的要求全部进行生态环境建设，将会对当地的原有农业生产结构造成影响，对局部地区的粮食供应造成影响，因此也不符合土地优化配置中的生态和经济效益相协调的原则，对这些地区的耕地资源的优化利用，可以通过现代化的农业生产技术，遵循生态规律，使经济林、牧草地和耕地形成配套的生态生产系统，对于坡耕地所造成水土流失的现象，可以对此区域的土地进行坡改梯建设，使可以耕种的土地面积增加，改变耕地的限制条件，在对生态环境不造成破坏的情况下，对于建设用地所占用的耕地可以得到有效的补偿。

土地资源利用的多宜性与多功能属性，决定了土地利用战略的多目标导向性，严格控制对耕地的占用，特别是对优质良田的占用，通过实施标准田的划分，建立耕地保护区的方式对关中平原地区的优质耕地进行保护，对耕地数量和质量进行保障，耕地保护区的建立可以突破行政边界，对耕作条件良好的平原区和塬地进行保护，其目标直接为保护耕地，明确责任制。对于农业结构调整所占用耕地的情况，应该禁止利用保护区的农田挖塘养鱼、平原种树、建牲畜养殖场以及其他对土壤耕作层造成永久性破坏的生产经营活动。

对于地类交错、地形起伏大造成的分散的耕地斑块，可以通过改造尽量连成片，使农业机械能被有效使用，有利于耕地集约利用，科学耕作以提高耕地产出投入比，减少耕地污染和退化，通过加大对耕地的投入，促进耕地可持续利用。

渭河流域沿线是关中地区城镇化程度和人口密度最高的地区，各种类型的生产和生活垃圾、废水、污染物等对渭河的水质造成了严重的破坏，由此对渭河两岸的耕地质量也会造成较为严重的破坏，因此需要通过严控污染源，改善耕地质量。

8.3

多尺度土地利用优化

土地优化配置可以分为两个层面：宏观管理和微观响应。宏观土地利用优化模式主要依赖于政策制定和土地规划，以及建立完善规范的土地市场机制和农村土地流转市场等，这些构成了土地利用优化过程中的宏观部分，而由政府部门所制定的土地利用决策和规划的具体落实，则很大程度上依赖于本地居民，没有广大居民的支持，任何优化方案都不能充分实现，因此，本地居民在土地优化配置过程中的响应起到微观主体的作用。对城镇地区、城市内部的土地优化利用，通过宏观层面的国土空间开发、市政规划部门的科学规划可以较好地实现，而对于广大农村地区，土地利用结构的形成还与农村经济体制、地方风俗、生产习惯等具有一定的关系，因此需要在理顺这些关系的基础上，通过宏观和微观等不同层面的组合实施土地优化配置。

对关中地区土地利用结构优化调整的过程中，可以采取不同尺度的优化方案相结合，实现宏观规划与微观调整。由宏观优化方案（如土地综合分区）指导地市、县等不同尺度行政单元的土地开发与利用，而微观尺度的土地优化方案，可以依赖于栅格尺度的土地适宜性评价，指导土地利用斑块的调整，两者互动交错，实行整体与局部相结合，市、县行政单元和土地利用类型等多层次的土地优化系统。不同尺度优化配置方案之间具有一定的同一性和互补性，把它们有机地组合起来，能够更好地发挥各自功效。

8.4

因地制宜采取相应措施

关中地区的地貌和降水等自然条件所存在的差异造成各种土地利用类型在空间上具有目前的分布现状，针对黄土高原丘陵沟壑区，应该在土地适宜性评价研究结果和土地优化配置的空间分布方案的基础上，集生物措施、工程措施和综合调控于一体，减少水土流失量，逐渐改变不合理的土地利用方式（见图 8 - 1）。

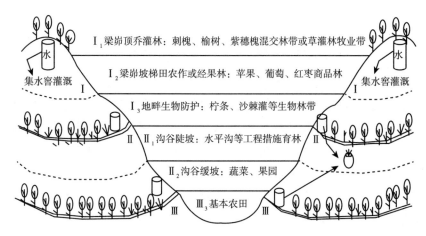

图 8 - 1　黄土高原丘陵沟壑区的土地优化设计[174]

对于关中平原地区的土地利用优化，主要包括对城镇建设用地扩展的约束和合理规划，对农村居民用地的整理和耕地的整理，而对于渭北黄土高原丘陵沟壑区的土地结构调整，主要包括对不适宜耕作和对生态环境会造成破坏的坡耕地进行退耕和生态整治，加大对此区域林地和草地的增长，对于此区域土地利用结构调整可以通过生态移民，实现生态建设和社会经济发展等多重目标，除了林草等的面积总量增加外，还需考虑整个地区的生态布局，如基于"集中与分散相结合"的原则，优先考虑保护和建设几个重点自然保护区，还要保证一定数目的分散的小型自然保护区，才能发挥生态用地和耕地的平衡，并实现生态建设的功能。

8.5

循序渐进实施土地优化配置

土地优化配置是区域土地利用的理想状态，但是作为一个庞大且复杂的自然、社会经济耦合系统，土地优化配置也是一项与多种关系密切交织的工程，其实施过程并不是一蹴而就的，操之过急甚至可能导致一系列区域问题的出现，如区域粮食安全、生态环境失调等。因此，土地优化配置的实施可以分阶段进行，初期阶段是要素的重建，主要通过城镇扩张边缘区、半城市化地区、生态脆弱区土地整治和"空心村"治理来实现，在空间过程上表现为空间转移和空间合并；中期阶段是结构的重组，主要通过交通连接、建立中心村（城镇）、节约用地和保护耕地来实现，在空间过程上表现为空间整合和空间优化；后期阶段是土地利用功能的重塑，即通过前期的重构，实现土地利用生态功能和社会经济功能的逐步协调，提高土地利用的综合效益。

8.6

科学规划人口数量和布局

土地优化配置的最终目的就是缓和人地矛盾，实现人地协调发展，因此除了对土地结构进行优化调整外，还需对关中地区人口数量和分布进行科学规划，使之适应于区域土地生态、经济和社会效应的优化协调。关中地区是我国人口密集的地区之一，根据研究预测结果，该区域人口数量短期内还将保持增长趋势，人口数量的增多驱使着生活、生产等建设用地扩张，对资源环境将产生较大压力。人口超载也将影响关中地区社会经济的可持续发展，人口数量的增长就近阶段而言，也是造成人地矛盾的主要因素，人口规模的增长压缩了自然生态要素的分布空间，由此将会导致土地生态失衡。因此，未来应围绕区域人口与资源环境的突出问题，通过建立和完善利益导向机制和社会保障制度，积极推进新型城镇化、农业人口就地非农化，实现区域人口空间分布格局的重构，促进人口分布与土地资源承载力的相对平衡。

第 9 章

结 论 与 讨 论

　　本书以关中地区为研究区域，以覆盖关中地区的 Landsat TM 影像为基础
数据源，在遥感技术（RS）和地理信息系统（GIS）集成技术的支撑下，对
关中地区的土地利用进行了解译，获取了关中地区的 1985 年、2000 年和 2005
年等三个时期的土地利用基础数据，运用了景观生态指数的方法对土地利用景
观格局进行了定量的分析，并采用空间自相关和空间自回归模型等空间分析方
法对土地利用格局及其影响因子的关系进行了定量研究和分析，以及对关中地
区的土地利用适宜性进行了评价，在土地利用系统综合分析的基础上，进行了
土地利用格局优化调整的空间模拟，并在县域层面对土地利用主导功能综合分
区，最后提出相应的优化对策和建议。

9.1

主要结论

　　（1）关中地区的主要土地利用类型是耕地、林地和草地，耕地比重一直
保持在 45% 以上，主要分布在关中平原地区，其他分布在黄土高原台塬地区
和泾河流域、千河流域等渭河主要支流的河谷阶地，关中平原地区人口密集，
土地利用历史悠久，土地利用程度较高。1985 年以来，关中地区的土地利用
发生了较大的变化，在研究时段内，关中地区土地利用呈现出建设用地、林地
和水域面积增多，未利用地、草地和耕地面积减少。面积增加最多的是建设用

地, 20 年间增加了 1391.106km^2, 其次为林地, 增加了 233.378km^2; 面积减少的最多的是耕地, 在整个研究时段内减少了 1560.779km^2。耕地的主要流向是建设用地、林地和草地, 关中平原区建设用地的扩张、生态脆弱区退耕还林还草政策实施、农业产业结构调整是导致耕地面积减少的主要原因。根据土地利用变化的多度和重要度指数, 1985~2000 年, 耕地转变为建设用地、草地转变为耕地、草地转变为林地和耕地转变为草地等几种土地利用转变类型分布广泛, 并且是此时期土地利用的重要变化方向; 2000~2005 年, 耕地转变为林地、耕地转变为草地、林地转变为草地和草地转变为林地等几种土地利用转变类型分布广泛, 是此时期土地利用的重要变化方向。从选取的两个典型地区的土地利用/土地覆盖变化的情况分析可以看出, 黄土高原丘陵沟壑区和关中平原地区的土地利用变化都是出现耕地减少、建设用地增加的趋势, 但是两个典型地区的土地利用变化的主要驱动力变化存在着差异, 长武县的耕地面积减少主要是在生态环境建设的政策主导下的结果, 其次是由于建设用地的扩展, 而位于城市扩展热点地区的长安区, 其耕地面积的减少主要是由于建设用地的快速扩张造成的。

(2) 类型景观水平的指数显示, 随着建设用地面积的不断增加, 并且由于其分布比较分散的特点, 斑块数量较多, 建设用地的斑块密度最大; 由于耕地被其他土地利用类型侵占, 原有的分布格局被破坏, 斑块破碎程度增加, 斑块密度也呈现增加的趋势。根据最大斑块指数和景观分割度指数的计算结果表明, 耕地、林地和草地是关中地区的优势景观类型, 但是随着土地利用景观多样化程度的增加, 其优势度有所减少。根据平均斑块分维度计算结果, 景观类型边界形状趋向于简单, 一定程度上反映出国家政策和社会经济因素对土地利用景观变化过程的影响。关中地区土地利用景观格局的总体变化趋势是, 破碎化程度增加, 平均分维数总体上呈减少的趋势, 表明斑块总体形状趋于简单。关中地区土地利用景观多样性指数有所降低, 表明土地利用趋于多元化。林地和草地的破碎度降低, 特别是连片分布、斑块面积很大的林地和草地所起的生态作用强于破碎的林地和草地, 对生态环境的维护作用也趋于增强。

(3) 基于格网的数据处理方法, 能够较好地实现多源数据的融合, 从而为土地利用格局的空间相关研究提供数据支持。土地利用格局的空间自相关分析表明, 关中地区各种土地利用类型表现出较强的正空间自相关现象, 在使用不同距离权重矩阵计算的 Moran's I 指数结果可以看出, 草地和耕地的空间自相关性要强于其他土地利用类型，未利用地的空间自相关性最弱。在不同的距离范围内，其自相关性都表现出了较大的差异性，随着距离范围的增加，空间自相关指数呈现出先增加、后减少的趋势；土地利用空间格局相关性分析结果表明，在考虑了空间自相关基础上建立的空间滞后回归模型对土地利用格局的解释程度上要高于经典回归模型，一些影响作用不明显的因子在空间滞后回归模型中将被剔除，对于各种土地利用类型的空间分布的主导因子也不尽相同。

（4）以栅格为基本单元，采用了多因子的综合评价方法对关中地区主要土地类型的适宜性进行了评价，评价结果表明，关中渭河平原区对于各种土地利用类型具有高度的兼容性，因此在对此区域的土地进行规划时，应该根据需要，考虑土地优先利用的原则，对土地类型在此区域的布局按照最宜性依次规划。关中地区耕地、林地、草地和建设用地的最适宜面积分别为 15219.81km^2、16281.48km^2、44909.66km^2 和 8348.34km^2，分别占关中地区土地面积的 27.6%、29.62%、81.13% 和 15.08%。研究中土地适宜性评价的栅格数据的基本单元为 100m×100m，因而其最小的评价地块为 1hm^2，对于土地的宏观规划和实施管理具有较好的指导意义。

（5）基于对关中地区的土地利用系统分析，运用 CA-Markov 模型对关中地区的土地利用进行了预测研究，并将预测结果以空间分布的形式展现，通过灰色线性规划模型（GLP），对关中地区 2020 年的土地利用格局进行了数量上的优化调配，并分析不同设定情境下的关中地区土地利用数量结构，最后通过多尺度的土地利用优化方案，对土地利用进行了优化调配模拟，研究结果表明，采用土地利用空间模拟和数量配置模型相结合的方法，对关中地区土地利用进行的优化配置模拟，其结果对土地利用具有一定的前瞻性和指导价值。

（6）本书根据关中地区的社会经济和自然生态等现状，结合土地利用的特征，建立了基于社会经济综合指数和自然生态综合指数的土地利用综合分区评价指标体系，并运用探索性空间数据分析方法对土地利用社会经济和自然生态的重要性格局进行分区研究。其中，南部秦岭山区和北部黄土高原部分地区的自然生态综合指数要高于渭河平原区，社会经济综合指数空间分布为以中心城区为中心的渭河平原区要高于秦岭山区和黄土高原区。基于社会经济综合指数和自然生态综合指数格局的耦合状况，采用了矩阵分类方法把关中地区的土地利用综合分区为五个类型的区域：优先开发区、适宜开发区、适度开发区、优先保护区和灰色区。

9.2

研究创新点

（1）以关中地区为研究对象，系统、全面分析了过去 20 年间的土地利用变化过程，借助"典型"把握"类型"，通过对典型地区土地利用变化的对比分析，剖析了研究区域内不同的自然环境和社会经济发展水平下，不同区域土地利用变化过程及特点的差异性。

（2）研究采用了地理信息系统的矢量格网方法对土地利用因变量及关键影响因子变量进行了空间尺度转换分析，并采用经典回归和空间滞后回归相比较的方法进行了定量研究，对空间自回归模型在土地利用格局影响机理研究中的效用进行了案例探索。

（3）本研究在对县域单元的土地利用分区中，尝试性地将探索性空间数据分析方法引入到土地利用分区的格局分析中，并取得了较好的效果。

（4）通过采用"空间格局分析—数理统计分析—空间模拟分析"的综合研究方法进行演化分析、机理分析、模拟预测和格局优化，深化了空间分析在土地优化配置研究中的应用。本研究采取了土地利用类型格局重构、县域土地利用功能分区的多尺度土地优化配置方案，能在一定程度上满足土地优化配置的实践与理论需求。

9.3

问题讨论

（1）遥感与 GIS 技术的应用为大范围的土地利用/覆盖变化研究提供了方便，但遥感影像解译精度对研究结果仍会产生一定的影响，在影像解译过程中，所能解译出的土地利用类型相对有限，如园地在关中地区土地利用格局中占据一定的比例，此外，对于整个关中地区的土地二级分类也未能进行。

（2）本书对关中地区的数据的分析过程中，为了能充分考虑各种影响因素的作用，需要对社会经济数据空间化，虽然本书中针对不同尺度的社会经济统计数据采用了合适的方法以尽量与实际情况拟合，但是肯定还会存在一定的误差，基础数据的统计单元越小，空间化的效果也更逼真，但是由于涉及的研究区范围较大及统计口径等因素，要搜集到所有的以乡镇为基本单元的相关统计数据还是相当困难的，为了不使各种统计数据的误差累计影响到研究的结果，本书仅选取了人均 GDP 和人口数据进行研究。

（3）土地适宜性评价是区域土地优化配置研究过程中的重要组成部分，本书为了使各种土地利用类型的适宜性影响因素得到充分考虑，在土地利用格局与影响因子的空间相关性分析基础上，对各个因素的适宜性等级进行了划分，尽管在划分的过程中参考了专家的意见和相关研究成果，但是其适宜性等级仍存在一定的主观性。此外，数据的分辨率对于评价结果也会产生一定影响，如坡度是耕地适宜和不适宜的重要评价依据，而基于 1∶25 万和 1∶5 万的 DEM 所提取的坡度会出现一定的误差。

（4）土地利用优化空间配置是研究的重点也是难点部分，本书在土地利用系统研究的基础上，对土地利用斑块进行调整，并结合县级土地利用分区，对关中地区的土地利用进行了多尺度的优化研究，但是操作更为简便的集成优化模型还有待进一步建立。

附　图

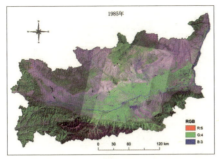

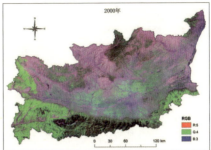

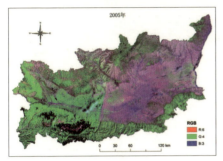

图 3-1　关中地区 TM 影像（R:G:B:5:4:3）

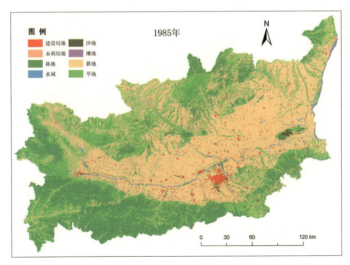

图 3-3　1985 年关中地区 TM 卫星遥感影像土地利用解译图

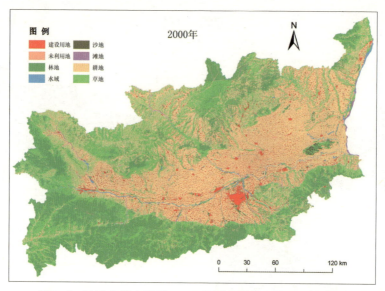

图 3-4　2000 年关中地区 TM 卫星遥感影像土地利用解译图

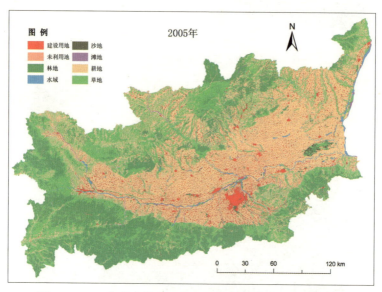

图 3-5　2005 年关中地区 TM 卫星遥感影像土地利用解译图

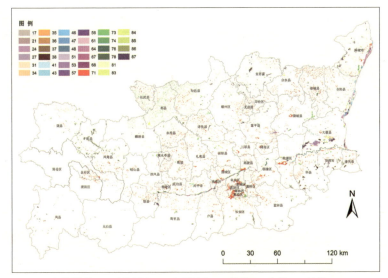

图例代码：1.建设用地；2.未利用地；3.林地；4.水域；5.沙地；
6.滩地；7.耕地；8.草地

图 3-8　关中地区 1985~2005 年土地利用变化空间分布

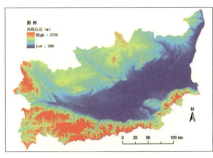

图 5-7　关中地区数字高程模型（DEM）

图 5-8　关中地区坡度分布

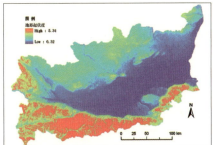

图 5-9　关中地区地形起伏度分布

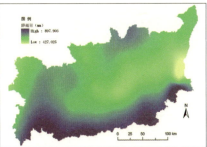

图 5-10　关中地区年均降雨量

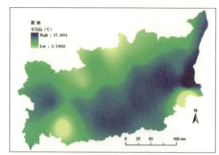

图 5-11　关中地区年均温分布

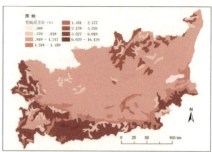

图 5-12　关中地区土壤表层有机质含量

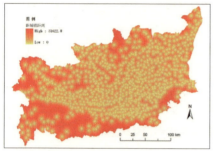

图 5-13　距最近城镇距离

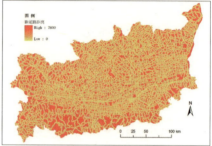

图 5-14　距最近道路距离

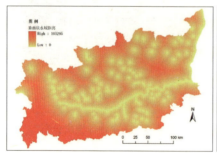

图 5-15　距最近面状水域距离

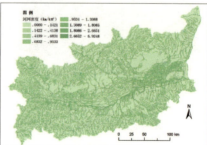

图 5-16　关中地区河网密度分布

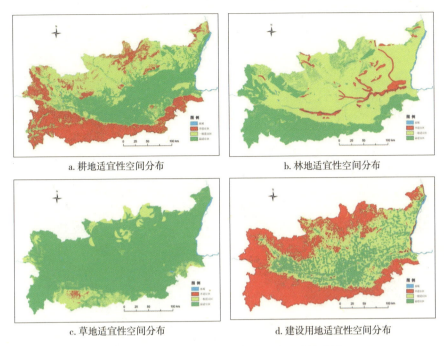

a. 耕地适宜性空间分布 　　　　　　　b. 林地适宜性空间分布

c. 草地适宜性空间分布 　　　　　　　d. 建设用地适宜性空间分布

图 6-4　关中地区主要地类适宜性评价结果图

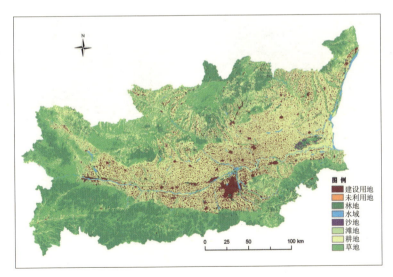

图 7-4　关中地区 2020 年土地利用模拟结果

173

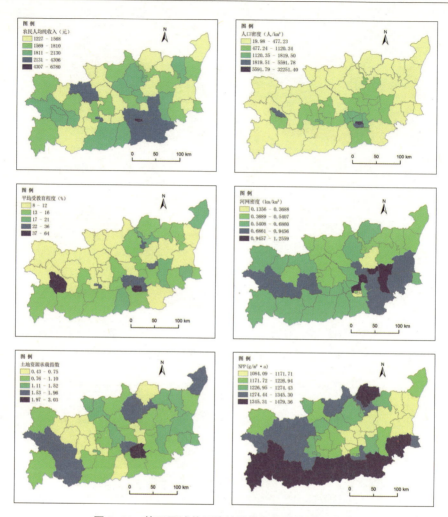

图 7-11　基于县域单元统计的指标数值的空间分布

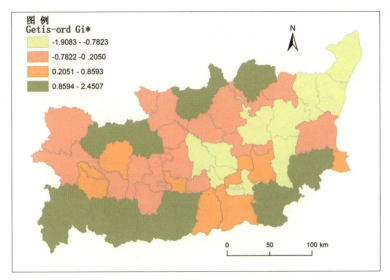

图 7-12　关中地区自然生态综合指数的空间分布

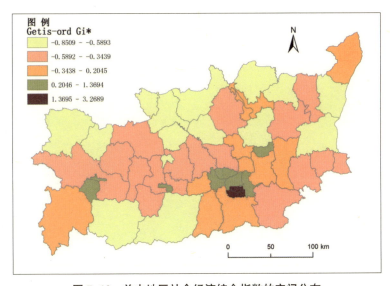

图 7-13　关中地区社会经济综合指数的空间分布

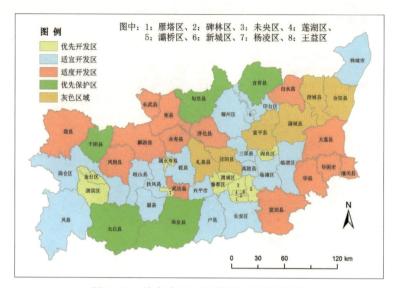

图 7–15 关中地区土地利用综合分区结果

参 考 文 献

［1］刘彦随，杨子生．我国土地资源学研究新进展及其展望［J］．自然资源学报，2008：353-360．

［2］李秀彬．全球环境变化研究的核心领域［J］．地理学报，1996，51（6）：553-558．

［3］符涂斌，严中伟．全球变化与我国未来的生存环境［M］．北京：气象出版社，1996．

［4］张惠远，王仰麟．土地资源利用的景观生态优化方法［J］．地学前缘，2000，7（增刊）：112-120．

［5］刘彦随．中国土地可持续利用论［M］．北京：科学出版社，2008：3．

［6］刘彦随．中国土地可持续利用论［M］．北京：科学出版社，2008：3．

［7］陈梅英，郑荣宝，王朝晖．土地资源优化配置研究进展与展望［J］．热带地理，2009，29（5）：466-471．

［8］IGBP/HDP. Land use and land cover change science/research plan［R］. IGB Rep, 1995.

［9］Moran E, Ojima D, Buchmann N, et al. Global land project: science plan and implementation strategy［R］. IGBP Report NO. 53/IHDP Report, 2005. NO. 19.

［10］胡业翠，刘彦随，邓旭升．土地利用/覆被变化与土地资源优化配置的相关分析［J］．地理科学进展，2004，23（2）：51-57．

［11］罗鼎，许月卿，邵晓梅，等．土地利用空间优化配置研究进展与展望［J］．地理科学进展，2009，28（5）：791-797．

［12］Wang Xinhao, Yu Sheng, Huang G H. Land Allocation Based on Integrated GIS-Optimization Modeling at a Watershed Level ［J］. Landscape and Urban Planning, 2004, 66: 61 - 74.

［13］杨勇, 任志远. 基于 GIS 的西安市城镇建设用地扩展研究 ［J］. 遥感技术与应用, 2009, 24 (1): 46 - 51.

［14］华商报. 关中"空心村"现象突出 空闲土地 1.8 万多公顷 ［EB/OL］. http: //soufun. com/news/2008 - 07 - 06/1894275. htm, 2008/07/06.

［15］周诚. 土地经济学 ［M］. 北京: 农业出版社, 1989: 57 - 59.

［16］刘荣霞, 薛安, 韩鹏. 土地利用结构优化方法述评 ［J］. 北京大学学报 (自然科学版), 2005, 41 (4): 655 - 662.

［17］刘彦随. 区域土地利用优化配置 ［M］. 北京: 学苑出版社, 1999: 187.

［18］吕春艳, 王静, 何挺, 等. 土地资源优化配置模型研究现状及发展趋势 ［J］. 水土保持通报, 2006, 26 (2): 21 - 26.

［19］黎夏, 叶嘉安. 地理模拟系统: 元胞自动机与多智能体 ［M］. 北京: 科学出版社, 2007: 9.

［20］许学工, 李双成, 蔡运龙. 中国综合自然地理学的近今进展与前瞻 ［J］. 地理学报, 2009, 64 (9): 1027 - 1038.

［21］郭丽英. 陕北农牧交错区土地利用景观动态与优化途径研究 ［D］. 西安: 陕西师范大学, 2008: 12.

［22］Forman RTT. Land Mosaics: the Eeology of Landscape and Region ［M］. Cambridge: Cambridge University Press, 1995.

［23］陈昌笃. 论地生态学 ［J］. 生态学报, 1986.6 (4): 289 - 293.

［24］俞孔坚. 生物保护的景观生态安全格局 ［J］. 生态学报, 1999, 19 (1): 8 - 15.

［25］吴传钧. 人地关系地域系统的理论研究及调控 ［J］. 云南师范大学学报 (哲学社会科学版), 2008, 40 (2): 1 - 3.

［26］蔡文, 石勇. 可拓学的科学意义与未来发展 ［J］. 哈尔滨工业大学学报, 2006, 38 (7): 1079 - 1086.

［27］张光宇. 土地资源优化配置的物元模型 ［J］. 系统工程理论与实践, 1998, 1: 108 - 112.

［28］Edward H, Ziegler Jr. 城市分区与土地规划：打造美国的大型都市 ［J］. 国外城市规划，2005，20（3）：60－63.

［29］S. H. R. Sadeghi, Kh. Jalili, D. Nikkami. Land use optimization in watershed scale ［J］. Land Use Policy, 2009（26）：186－193.

［30］Huda Abdelwahab Sharawi. Optimal land-use allocation in centralSudan ［J］. Forest Policy and Economics, 2006（8）：10－21.

［31］罗鼎，许月卿，邵晓梅，等. 土地利用优化配置研究进展与展望 ［J］. 地理科学进展，2009，28（5）：791－797.

［32］刘彦随. 山地土地类型的结构分析与优化利用——以陕西秦岭山地 为例 ［J］. 地理学报，2001，56（4）：426－436.

［33］何书金，李秀彬，朱会义，等. 黄河三角洲土地持续利用优化分析 ［J］. 地理科学进展，2001，20（4）：313－323.

［34］陈玉福，王业侨，姚德明. 海南城乡土地利用差异及其优化策略探 讨 ［J］. 资源科学，2007，29（6）：133－137.

［35］傅瓦利，谢德体. 三峡库区开县土地利用空间优化配置及其生态经 济效益的比较研究 ［J］. 经济地理，2006，26（1）：133－136.

［36］韦仕川，吴次芳，杨杨，等. 中国东部沿海经济发达地区土地资源 空间优化配置研究——以浙江省为例 ［J］. 技术经济，2008，27（1）： 18－23.

［37］苏伟，陈云浩，武永峰，等. 生态安全条件下的土地利用格局优化 模拟研究——以中国北方农牧交错带为例 ［J］. 自然科学进展，2006，16 （2）：207－214.

［38］金志丰，陈雯，孙伟，等. 基于土地开发适宜性分区的土地空间配 置——以宿迁市区为例 ［J］. 中国土地科学，2008，22（9）：43－50.

［39］赵筱青，王海波，杨树华，等. 基于 GIS 支持下的土地资源空间格 局生态优化 ［J］. 生态学报，2009，29（9）：4892－4901.

［40］刘艳芳，李兴林，龚红波. 基于遗传算法的土地利用结构优化研究 ［J］. 武汉大学学报（信息科学版），2005，30（4）：288－292.

［41］任奎，周生路，张红富，等. 基于精明增长理念的区域土地利用结 构优化配置——以江苏宜兴市为例 ［J］. 资源科学，2008，30（6）： 912－918.

[42] 汤洁, 毛子龙, 王晨野, 等. 基于碳平衡的区域土地利用结构优化——以吉林省通榆县为例 [J]. 资源科学, 2009, 31 (1): 130-135.

[43] 牛继强, 徐丰. 基于 RS 与生态绿当量的土地利用结构优化研究 [J]. 信阳师范学院学报, 2009, 22 (3): 410-413.

[44] 张英, 张红旗, 倪东英. 农业土地利用优化配置系统的研建 [J]. 资源科学, 2009, 31 (12): 2055-2064.

[45] 刘彦随, 刘玉, 翟荣新. 中国农村空心化的地理学研究与整治实践 [J]. 地理学报, 2009, 64 (10): 1193-1202.

[46] 徐昔保, 杨桂山, 张建明. 兰州市城市土地利用优化研究 [J]. 武汉大学学报 (信息科学版): 2009, 34 (7): 878-881.

[47] 王静. 土地资源遥感监测与评价方法 [M]. 北京: 科学出版社, 2006: 74.

[48] 何春阳, 陈晋, 陈云浩, 等. 土地利用/覆盖变化混合动态监测方法研 [J]. 自然资源学报, 2001, 16 (3): 255-262.

[49] 何宇华, 谢俊奇, 孙毅. FAO/UNEP 土地覆被分类系统及其借鉴 [J]. 中国土地科学, 2005, 19 (6): 45-49.

[50] 刘纪远, 庄大方, 张增祥, 等. 中国土地利用时空数据平台建设及其支持下的相关研究 [J]. 地球信息科学, 2002, 3: 3-7.

[51] 赵英时. 遥感应用分析原理与方法 [M]. 北京: 科学出版社, 2003: 167.

[52] 赵英时. 遥感应用分析原理与方法 [M]. 北京: 科学出版社, 2003: 194.

[53] 杨昕, 汤国安, 邓凤东, 等. ERDAS 遥感数字图像处理实验教程 [M]. 北京: 科学出版社, 2009: 254.

[54] 卢海阳, 李明月. 再议我国耕地平衡制度 [J]. 广东土地科学, 2008, 7 (4): 14-17.

[55] 徐梦洁, 陈惠中, 赵紫玉, 等. 耕地总量动态平衡评价模型初探 [J]. 资源科学, 2009, 31 (2): 2137-2143.

[56] 刘盛和, 何书金. 土地利用动态变化的空间分析测算模型 [J]. 自然资源学报, 2002, 17 (5): 533-540.

[57] 史培军, 宫鹏, 李晓兵, 等. 土地利用/覆盖变化研究的方法与实

践 [M]．北京：科学出版社，2000：108．

[58] 朱会义，李秀彬．关于区域土地利用变化指数模型方法的讨论 [J]．地理学报．2003，58（5）：643－650．

[59] 胡召玲，杜培军，赵昕．徐州煤矿区土地利用变化分析 [J]．地理学报，2007，62（11）：1204－1114．

[60] 张艾蕊．"空心村"问题分析及对策探讨——陕西澄城县农村废弃宅基地调查引发的思考 [J]．理论导刊，2008（5）：73－74．

[61] 彭建，王仰麟，刘松，等．景观生态学与土地可持续利用研究 [J]．北京大学学报（自然科学版），2004，40（1）：154－160．

[62] 张金屯，邱扬，郑凤英．景观格局的数量研究方法 [J]．山地学报，18（4）：346－352．

[63] 汪雪格．吉林西部生态景观格局变化与空间优化研究[D]．沈阳：吉林大学，2008．

[64] 陈文波，肖笃宁，李秀珍．景观指数分类、应用及构建研究 [J]．应用生态学报，2002，13（1）：121－125．

[65] 布仁仓，胡远满，常禹．景观指数之间的相关分析 [J]．生态学报，2005，25（10）：2764－2775．

[66] 林孟龙，曹宇，王鑫．基于景观指数的景观格局分析方法的局限性：以台湾宜兰利泽简湿地为例 [J]．应用生态学报，2008，19（1）：139－143．

[67] 朱明，濮励杰，李建龙．遥感影像空间分辨率及粒度变化对城市景观格局分析的影响 [J]．生态学报，2008，28（6）：2753－2763．

[68] 朱会义，李秀彬．关于区域土地利用变化指数模型方法的讨论 [J]．地理学报，2003，58（5）：643－650．

[69] 黎聪，李晓文，郑钰，等．衡水湖国家级自然保护区湿地景观格局演变分析 [J]．资源科学，2008，30（10）：1571－1578．

[70] 郑树峰，张柏，王宗明．三江平原抚远县景观格局变化研究 [J]．湿地科学，2008，6（1）：13－18．

[71] Jochen A. G. Jaeger. Landscape division, splitting index, and effective mesh size: new measures of landscape fragmentation [J]. Landscape Ecology , 2000 (15): 115－130.

[72] 张冲冲, 南颖, 吉喆. 图们江中游中朝土地利用/覆盖及变化比较研究 [J]. 延边大学学报: 自然科学版, 2011, 37 (4): 360 – 365.

[73] 秦鹏, 陈健飞. 香港与深圳土地集约利用对比研究 [J]. 地理研究, 2011, 30 (6): 1129 – 1136.

[74] 张华, 佟文嘉, 王南, 等. 基于退耕还草背景的科尔沁沙地土地利用景观格局分析 [J]. 干旱区资源与环境, 2012, 26 (6): 96 – 101.

[75] 邓祥征, 林英志, 战金艳, 等. 基于栅格数据的土地利用格局解释模型及应用 [J]. 地理科学进展, 2009, 28 (6): 912 – 918.

[76] Overmars K P, De Koning G H J, Veldkamp A. Spatial autocorrelation in multi-scale land use models [J]. Ecological Modelling, 2003 (164): 257 – 270.

[77] 王劲峰. 空间分析 [M]. 北京: 科学出版社, 2006: 45.

[78] 谢正峰, 王倩. 广州市土地利用程度的空间自相关分析 [J]. 热带地理, 2009, 29 (2): 129 – 133.

[79] Haining R P. Spatial Data Analysis: Theory and Practice [M]. Cambridge: Cambridge University, 2003.

[80] Anselin L. Geographical Analysis [J]. 1995, 27 (2): 93 – 115.

[81] Ord J K, Getis A. Local spatial autocorrelation statistics: Distributional issues and application [J]. Geographical Analysis, 1995, 27 (4): 286 – 306.

[82] Anselin, Luc., A. Getis. Spatial statistical analysis and Geographic Information Systems [J]. Annals of Regional Science, 1992, 26: 19 – 23

[83] 陈斐, 杜道生. 空间统计分析与 GIS 在区域经济分析中的应用 [J]. 武汉大学学报 (信息科学版): 2002, 27 (4): 391 – 396.

[84] 刘旭华, 王劲峰. 空间权重矩阵的生成方法分析与实验 [J]. 地球信息科学, 2002 (2): 38 – 44.

[85] 宇振荣. 景观生态学 [M]. 北京: 化学工业出版社, 2008: 132.

[86] 苏方林. 中国省域 R&D 溢出的空间模式研究 [J]. 科学学研究, 2006, 24 (5): 696 – 701.

[87] Rykiel Jr E J. Testing ecological models: The meaning of validation [J]. Ecological Modelling, 1996, 90: 229 – 244.

[88] Anselin L. Under the hood: Issues in the specification and interpretation

of spatial regression models ［J］. Agricultural Economics, 2002, 27: 247 - 267.

　　［89］Anselin L. Under the hood: Issues in the specification and interpretation of spatial regression models ［J］. Agricultural Economics, 2002, 27: 247 - 267.

　　［90］周成虎, 欧阳华, 马廷. 地理格网模型研究进展 ［J］. 地理科学进展, 2009, 28 (5): 657 - 662.

　　［91］王劲峰. 空间分析 ［M］. 北京: 科学出版社, 2006: 38.

　　［92］吴桂平, 曾永年, 邹滨, 等. 基于 GIS 的区域人口密度空间分布模拟——以张家界市永定区为例 ［J］. 测绘科学, 2009, 34 (2): 237 - 240.

　　［93］汪洋, 赵万民. 社会经济系统空间结构分析的 GEO-INFO 模式——重庆市实证研究 ［J］. 地理科学, 2008, 28 (6): 729 - 735.

　　［94］王劲峰. 空间分析 ［M］. 北京: 科学出版社, 2006: 38.

　　［95］曹志冬, 王劲峰, 高一鸽, 等. 广州 SARS 流行的空间风险因子与空间相关性特征 ［J］. 地理学报, 2008, 63 (9): 981 - 993.

　　［96］中国科学院可持续发展战略研究组. 2005 中国可持续发展战略报告 ［M］. 北京: 科学出版社, 2005: 273.

　　［97］封志明, 唐焰, 杨艳昭. 中国地形起伏度及其与人口分布的相关性 ［J］. 地理学报, 2007, 62 (10): 1073 - 1082.

　　［98］朱会义, 刘述林, 贾绍凤. 自然地理要素空间插值的几个问题 ［J］. 地理研究, 2004, 23 (4): 425 - 432.

　　［99］董春, 吴喜之, 程博. 偏最小二乘回归方法在地理与经济的相关性分析中的应用研究 ［J］. 测绘科学, 2000, 25 (4): 48 - 51.

　　［100］刘彦随. 土地利用优化配置中系列模型的应用——以乐清市为例 ［J］. 地理科学进展, 1999, 18 (1): 26 - 31.

　　［101］蔡玉梅, 董祚继, 邓红蒂. FAO 土地利用规划研究进展评述 ［J］. 地理科学进展, 2005, 24 (1): 70 - 78.

　　［102］吴次芳, 王建弟, 许红卫, 等. 城市土地资源分类评价及其土地优化配置的关系 ［J］. 自然资源学报, 1995, 10 (2): 158 - 164.

　　［103］倪绍祥. 土地类型与土地评价概论 ［M］. 北京: 高等教育出版社, 1992: 194.

　　［104］孙业红, 闵庆文, 成升魁. 农业文化遗产资源旅游开发的时空适宜性评价 ［J］. 资源科学, 2009, 31 (6): 942 - 949.

[105] 卫三平，李树怀，卫正新，等．晋西黄土丘陵沟壑区刺槐林适宜性评价 [J]．水土保持学报，2002，16 (6)：103 –106.

[106] 孙伟，陈雯．GIS 技术在区域土地开发适宜性分区中的应用——以江苏省为例 [J]．计算机应用研究，2006 (12)：220 –223.

[107] 宗跃光，王蓉，汪成刚，等．城市建设用地生态适宜性评价的潜力——限制性分析——以大连城市化区为例 [J]．地理研究，2007，26 (6)：1117 –1126.

[108] 丛明珠，欧向军，赵清．基于主成分分析法的江苏省土地利用综合分区研究 [J]．地理研究，2008，27 (3)：574 –582.

[109] 欧阳志云，王如松．生态位适宜度模型及其在土地利用适宜性评价中的应用 [J]．生态学报，1996，16 (2)：113 –119.

[110] 李希灿，王静，邵晓梅．模糊数学方法在中国土地资源评价中的应用进展 [J]．地理科学进展，2009，28 (3)：409 –416.

[111] 王雅秋，郑宝源．生态适宜度的模糊数学综合评价[J]．福建环境，1998，15 (3)：7 –13.

[112] 胡小华，陆诗雷，骆昌鑫．GIS 支持的多目标土地适宜性评价 [J]．中国土地科学，1995，9 (5)：33 –37.

[113] 刘耀林，刘艳芳，夏早发．模糊综合评判在土地适宜性评价中的应用研究 [J]．武汉测绘科技大学学报，1995，20 (1)：71 –75.

[114] Liu Y F, Jiao L M. The Application of BP Networks to Land Suitability Evaluation [J]. Geo-Spatial Information Science, 2002 (1)：55 –61.

[115] 杨小雄，刘耀林，王晓红．基于约束条件的元胞自动机土地利用规划布局模型 [J]．武汉大学学报 (信息科学版)，2007，32 (12)：1164 –1167.

[116] 陈文倩，张晶，常占强．基于 GIS 的广东横琴地区土地适宜性评价 [J]．首都师范大学学报 (自然科学版)，2008，29 (2)：85 –89.

[117] 丁建中，陈逸，陈雯．基于生态——经济分析的泰州空间开发适宜性分区研究 [J]．地理科学，2008，28 (6)：842 –848.

[118] 史同广，郑国强，王智勇．中国土地适宜性评价研究进展 [J]．地理科学进展，2007，26 (2)：106 –115.

[119] 郑新奇．城市土地优化配置与集约利用 [M]．北京：科学出版

社，2004：165.

[120] 宗跃光．城市建设用地生态适宜性评价的潜力——限制性分析——以大连城市化区为例 [J]．地理研究，2007，26 (6)：1117－1126.

[121] 梁涛，蔡春霞，刘民．城市土地的生态适宜性评价方法——以江西萍乡市为例 [J]．地理研究，2007，26 (4)：782－788.

[122] 徐霞，刘海鹏，高琼．中国北方农牧交错带土地利用空间优化布局的动态模拟 [J]．地理科学进展，2008，27 (3)：80－85.

[123] 牛海鹏，赵同谦，张安录．基于生态位适宜度的耕地可持续利用评价 [J]．生态学报，2009，29 (10)：5535－5543.

[124] 潭道发，叶树华．陕西土地资源 [M]．西安：陕西人民出版社，2000.

[125] 郑新奇．城市土地优化配置与集约利用 [M]．北京：科学出版社，2004：168.

[126] 唐秀美．栅格数据支持下的耕地适宜性评价研究 [J]．资源科学，2009，31 (12)：2164－2171.

[127] 石淑芹，陈佑启，姚艳敏．东北地区耕地自然质量和利用质量评价 [J]．资源科学，2008，30 (3)：378－384.

[128] 张鹏飞，姚成．高速公路与城市道路沿线交通对环境的污染及治理措施浅析 [J]．城市道桥与防洪，2001 (2)：12－16.

[129] 刘伍，李满春，刘永学．基于矢栅混合数据模型的土地适宜性评价研究 [J]．长江流域资源与环境，2006，15 (3)：320－324.

[130] 杨存建，冯凉，徐育建，等．基于 ARCGIS 的四川省分级退耕还林还草空间决策分析 [J]．自然资源学报，2007，22 (6)：986－993.

[131] 李双成，许月卿．中国道路网与生态系统破碎化关系统计分析 [J]．地理科学进展，2004，23 (5)：78－85.

[132] 彭建．喀斯特生态脆弱区土地利用/覆盖变化研究 [D]．北京：北京大学，2006.

[133] 蔡玉梅，刘彦随，宇振荣，等．土地利用变化空间模拟的进展－CLUE-S 模型及其应用 [J]．地理科学进展，2004，23 (4)：63－71.

[134] 汪雪格．吉林西部生态景观格局变化与空间模拟 [D]．长春：吉林大学，2008.

[135] 苏伟. 生态安全条件下的土地利用格局优化模拟研究 [J]. 自然科学进展, 2006, 16 (2): 207–214.

[136] 唐华俊, 吴文斌, 杨鹏, 等. 土地利用/土地覆被变化 (LUCC) 模型研究进展 [J]. 地理学报, 2009, 64 (6): 456–468.

[137] Clarke K. C., Hoppen S., Gaydos L. A Self-modifying Cellular Automation Model of Historical Urbanization in the San Francisco Bay area [J]. Environment and Planning B: Planning and Design. 1997, 24: 247–261.

[138] 黄庆旭, 何春阳, 史培军, 等. 城市扩展多尺度驱动机制分析——以北京为例 [J]. 经济地理, 2009, 29 (5): 714–721.

[139] 耿红, 王泽民. 基于灰色线性规划的土地利用结构优化研究[J]. 中国农学通报, 2006, 22 (9): 435–437.

[140] 黄庆旭, 史培军, 何春阳. 中国北方未来干旱化情景下的土地利用变化模拟 [J]. 地理学报, 2006, 61 (12): 1299–1310.

[141] 王武科, 李同升, 徐冬平. 基于 SD 模型的渭河流域关中地区水资源调度系统优化 [J]. 资源科学, 2008, 30 (7): 983–989.

[142] 刘小平, 黎夏. 基于多智能体系统的空间决策行为及土地利用格局演变的模拟 [J]. 中国科学 (D 辑), 2006, 36 (11): 1027–1036.

[143] 薛领, 杨开忠. 复杂性科学理论与区域空间演化模拟研究 [J]. 地理研究, 2002, 21 (1): 79–88.

[144] 刘荣霞. 土地利用结构优化方法述评 [J]. 北京大学学报 (自然科学版), 2005, 41 (4): 655–662.

[145] 郑宇, 胡业翠, 刘彦随, 等. 山东省土地适宜性空间分析及其优化配置研究 [J]. 农业工程学报, 2005, 21 (2): 60–65.

[146] 吕春艳, 王静, 何挺, 等. 土地资源优化配置模型研究现状及发展趋势 [J]. 水土保持通报, 2006, 26 (2): 21–26.

[147] 何春阳, 史培军. 基于系统动力学模型和元胞自动机模型的土地利用情景模型研究 [J]. 中国科学 (D 辑), 2005, 35 (5): 464–473.

[148] 王汉花, 刘艳芳. 基于生态位与约束 CA 的土地资源优化配置模型研究——以武汉市黄陂区为例 [J]. 中国人口. 资源与环境, 2008, 18 (2): 97–102.

[149] 熊利亚. 基于地理元胞自动机的土地利用变化研究[J]. 资源科

学，2005，27（4）：38－43.

[150] 柯长青，欧阳晓莹. 基于元胞自动机模型的城市空间变化模拟研究进展［J］. 南京大学学报（自然科学版），2006，42（1）：103－110.

[151] 蔡玉梅，刘彦随，宇振荣，等. 土地利用变化空间模拟的进展－CLUE-S 模型及其应用［J］. 地理科学进展，2004，23（4）：63－71.

[152] 郑新奇. 城市土地优化配置与集约利用［M］. 北京：科学出版社，2004：188.

[153] 邱炳文. 基于多目标决策和 CA 模型的土地利用变化预测模型及其应用［J］. 地理学报，2008，63（2）：165－174.

[154] 何瑞珍，闫东峰，张敬东. 基于马尔可夫模型的郑州市土地利用动态变化预测［J］. 中国农学通报，2006，22（9）：435－437.

[155] 姚华荣，吴绍宏，曹明明，等. 区域水土资源的空间优化配置［J］. 资源科学，2004，26（1）：99－106.

[156] 朱艳莉，李越群，廖和平. 基于灰色线性规划的土地利用结构优化研究［J］. 西南师范大学学报（自然科学版），2009，34（2）：97－102.

[157] 潭道发，叶树华. 陕西土地资源［M］. 西安：陕西人民出版社，359.

[158] 杨宗岳. 强化关中加工工业基地的开发［EB／OL］. http：//www. ssim. gov. cn：8081/initRkxCommonThreePageList. do？ method ＝ initRkxCommonThreePageList&columnId ＝748&articleId ＝87678&uType ＝&navigatePic

[159] 吕春艳. 土地资源优化配置模型研究现状及发展趋势［J］. 水土保持通报，2006，26（2）：21－26.

[160] 陈百明. 中国土地利用与生态特征区划［M］. 北京：气象出版社，2003.

[161] 陈雯，孙伟，段学军，等. 以生态——经济为导向的江苏省土地开发适宜性分区［J］. 地理科学，2007，27（3）：312－317.

[162] 郑度，欧阳华，周成虎. 对自然地理区划方法的认识与思考［J］，地理学报，2008.63（6）：563－573.

[163] 丛明珠，欧向军，赵清，等. 基于主成分分析法的江苏省土地利用综合分区研究［J］. 地理研究，2008，27（3）：574－582.

[164] 陈百明，周小萍. 中国粮食自给率与耕地资源安全底线的探讨

［J］．经济地理，2005，25（2）：145－148.

［165］Getis A，Ord J K．The analysis of spatial association by the use of distance statistics［J］．Geographical Analysis，1992，24：189－206.

［166］马荣华，蒲英霞，马晓东．GIS空间关联模式发现［M］．北京：科学出版社，2007：107.

［167］班茂盛，方创琳，刘晓丽，等．北京高新技术产业区土地利用绩效综合评价［J］．地理学报，2008，63（2）：175－184.

［168］孙伟，陈雯，段学军．GIS技术在区域土地开发适宜性分区中的应用——以江苏省为例［J］．计算机应用研究，2006（12）：220－223.

［169］吴胜军，洪松，任宪友，等．湖北省土地利用综合分区研究［J］．华中师范大学学报：自然科学版，2007，41（1）：138－142.

［170］葛浩，周生路，吴绍华．当前形势下土地利用总体规划中功能分区方法研究——以宜兴市为例［J］．土壤，2008，40（4）：534－539.

［171］龙鑫，马耀峰．西安市城镇居民短期旅游行为特征及决策因素分析［J］．陕西师范大学学报（自然科学版），2008，36（5）：76－81.

［172］马佳．新农村建设中农村居民点用地集约利用研［D］．武汉：华中农业大学，2008.

［173］华商网．关中"白菜心"耕地撂荒．［EB/OL］．http：//bbs. sxtvs. com/viewthread. php tid＝141022.

［174］刘彦随，靳晓燕，胡业翠．黄土丘陵沟壑区农村特色生态经济模式探讨——以陕西绥德县为例［J］．自然资源学报，2006，21（5）：738－745.

后　记

本书是在我的博士论文的基础上修改完成的。在完成此书的时候，脑中浮现出了幕幕往事，其中给我最多的却是感动，让我毕生难忘。有幸考入陕西师范大学，来到了古城西安并师从任志远教授，在导师的指导下相继攻读了硕士和博士学位。古城浓厚的历史文化积淀、师大良好的学习氛围和良师益友的熏陶，给我留下了不可磨灭的印记。人生短暂，当为了自己的理想和目标而努力奋斗的时候，一些往事也将成为我的人生中最宝贵的财富。在此期间所遇到的挫折和磨难远超出想象，而在战胜这些困难的过程中，也永远离不开好心人的帮助。

本论文从选题到最终定稿，都融汇了指导老师任志远教授的心血和智慧。导师用其毕生的学识点拨和潜移默化着我，引领着我进入科学的殿堂并获得了学术上的进步，导师严谨的治学态度和宽厚仁慈的大家风范使我从懵懂不懂事到如何做人做事。感谢师母郭彩玲老师在学习和生活上的关心。在此向他们表示诚挚的谢意和最美好的祝福。

在我攻读博士学位期间，得到了陕西师范大学旅游与环境学院众多老师的教诲和指导。感谢黄春长教授、甘枝茂教授、马耀峰教授、孙虎教授、孙根年教授、吴成基教授、延军平教授、赵先贵教授、白建军教授等老师的指导，在此表示诚挚的感谢。感谢崔富奎副院长、刘少峰副书记、陈鹏老师等在学习和生活上的关心。

感谢王晓峰、李晶、李开宇、周忠学、薛亮、郝惠梅、王丽霞、莫宏伟、郭斌、任平等师兄师姐在学习和生活上的诸多帮助，在此向他们表示衷心的感谢；感谢杨忍、李会、魏丽华、邢清枝、高蕾、梁丽霞、余正军、卞鸿雁、张艺、王美霞、陈灏、周莉等师弟师妹们的帮助。在求学期间，与他们结下了深深的同门情谊，对他们在学习生活上给我所提供的关心和帮助表示衷心的感谢，祝愿他们在人生的道路上取得更加辉煌的成就。

感谢吉林大学的汤洁教授、中国地质大学（北京）的郑新奇教授对论文所提供的建议和帮助，感谢中科院地球系统科学数据共享平台的杨雅萍老师提供的数据支持。

感谢我的父母和家人，是你们在默默地支持着我，是你们对我无私的爱，伴随着我走过了漫长的求学生涯！

最后感谢所有关心和帮助过我的人！

杨 勇

2016.3.6